陪孩子
走过人生
关键期

孙伟◎编著

中国青年出版社

图书在版编目（CIP）数据

陪孩子走过人生关键期 / 孙伟编著 . -- 北京 : 中
国青年出版社 , 2024. 8. -- ISBN 978-7-5153-7451-2

Ⅰ . G78

中国国家版本馆 CIP 数据核字第 20249YY746 号

陪孩子走过人生关键期

孙　伟　编著

责任编辑：侯群雄　岳　超
封面设计：鸿儒文轩·末末美书
出版发行：中国青年出版社
社　　　址：北京市东城区东四十二条 21 号
网　　　址：www.cyp.com.cn
编辑中心：010-57350401
营销中心：010-57350370
经　　销：新华书店
印　　刷：三河市华东印刷有限公司
规　　格：880mm×1230mm　1/32
印　　张：11.5
字　　数：188 千字
版　　次：2024 年 8 月第 1 版
印　　次：2024 年 8 月第 1 次印刷
定　　价：68.00 元

本图书如有印装质量问题，请凭购书发票与质检部联系调换。联系电话：010-85707689

前　言

　　"望子成龙，望女成凤"是每位父母所盼望的，在漫长的人生旅途里，孩子能否健康成长，未来能否成为栋梁之材，这将取决于父母如何教育孩子。专家指出，教育孩子要抓住孩子成长过程的7个关键期，这7个关键期分别是孩子的动作敏感阶段、心理反抗阶段、智力发育阶段、性格独立阶段、心理危机阶段、多彩花季阶段和人生转折阶段，这些阶段囊括了孩子从出生到20岁左右的人生，家长只有抓住这7个阶段的教育重点，孩子才可能有一个超越其他同龄人的多彩人生。

　　孩子的心灵是美好而纯洁的，它就像一张有待书写的空白画纸，而父母手里则握着牵引孩子走向人生之路的第一支画笔，很多家长都想在这张画纸上描绘出最亮丽的色彩，但往往不知道该如何着色。抓住孩子成长的关键阶段，对其进行适时的、不失时机的培养，就能涂上最适宜孩子成长的精彩一笔。孩子从出生过渡到幼儿园，从幼儿园过渡到小学，从小学过渡到初中，从初中过渡到高中，从高中过渡到大学，每一个过渡期都是孩子成长的关键期。这时，孩子的心理会产生很多冲突，思想会产生许多变化，父母要掌握这些情况，科学而不失时机地进行引导，努力为孩子的健康成长铺路搭桥。

春种秋收，四季轮回，孩子的成长也要遵循一定的自然规律，这个规律就是在每一个关键期通过正确的引导，获得正确的前进方向。

"关键期"的概念是奥地利动物心理学家康拉德·洛伦兹提出来的。他认为，无须强化的、在一定时期容易形成的反应叫作"印刻效应"现象，"印刻效应"发生的时期叫作"发展关键期"。他指出，人类的某种行为与技能，在某个阶段发展得最快，也最容易受影响，特别在孩子的成长过程。现代父母，从两三岁就开始让孩子背唐诗，四五岁就让学英语，上学后还要请家教、上辅导班，这些做法都饱含了父母对孩子的殷殷期望，但是，家长也不能忽视另外一个方面，那就是在孩子的成长关键期，并非高分数、好成绩就能涵盖一切，还有许多其他问题需要我们去解决，这些问题从表面上看来可能很小，也很不起眼，但它常常能决定孩子的命运，比如说孩子在各个时期的心理问题、性格形成等，只有解决好这些问题，孩子才能真正地健康成长。

总之，7个关键期对一个人的成长十分重要，它如同炼钢工人掌握火候一样，错过出炉的温度就会成为废钢，而7个关键期就是将孩子铸造成好钢的最恰当的温度。孩子就像是刚刚熔化的铁水，在7个关键期可以被浇铸成各式各样的形状。但等孩子长大了，或者说等到铁水冷却了，再想改变就困难了。

《陪孩子走过人生关键期》一书，能让家长了解在孩子的成长过程中，哪些阶段是成长关键期，在这些阶段要重视哪些问题，如何进行科学辅导等。世界上每个人都不一样，都有其各自的潜质，因而，出色的教育，特别是家庭教育能够使他们的人生释放出最灿烂的光彩。

最后，祝愿每一个孩子都能健康快乐地成长，每一位家长都是成功的家庭教育者！

目录
CONTENTS

第一章
孩子动作敏感期（0～3岁）

第二章
孩子心理反抗期（3～5岁）

第四章
孩子性格独立期（10～14岁）

目录

CONTENTS

第五章
孩子的心理危机期（14～16 岁）

第六章
孩子的多彩花季期（16～18 岁）

目录

CONTENTS

第七章
孩子的人生转折期（18～22岁）

第一章

孩子动作敏感期
（0～3岁）

　　0～3岁是孩子的动作敏感期，也是早期大脑发育的最佳时期，这一时期被称为孩子的第二次降生。孩子刚从母亲的子宫里来到一个新奇的世界，他要适应这个世界，就只能依靠触觉、嗅觉和视觉等去慢慢感知、慢慢认识。等到孩子1岁左右的时候，就要引导孩子学走路，发展其肢体动作，不要把孩子一直抱在身上。

　　在孩子的动作敏感期，父母应让孩子适量运动，使其肢体动作正确、熟练，以促进左右脑的均衡发展。另外，还要对孩子进行手眼协调的细微动作训练，这样不仅能培养其良好的生活习惯，也能促进孩子的智力发展。

让妈妈爱恨交加的安抚奶嘴

宝宝刚出生时，在接触空气的瞬间，内心充满了恐惧。他对新环境感到陌生与不适应，所以会通过吮吸手指和奶嘴的方式来自我安抚。随着宝宝年龄的不断增长及对周围环境的慢慢适应，宝宝的兴趣会从安抚奶嘴转移到其他方面，比如说一个玩具、一幅画、一首歌，或者一个微笑……

所以当妈妈带着宝宝接触更多事物时，宝宝自然而然地就不会再用安抚奶嘴来安抚自己了。

事例 1

张女士的儿子强强 6 个多月了，从满月起，强强就喜欢吸安抚奶嘴，这个孩子吸奶嘴与其他孩子不一样，他不仅睡觉时喜欢吸，哭的时候爱吸，就连平常没事时也要吸在嘴里。张女士曾尝试把它拿掉，但一拿掉，孩子就哭。张女士听人说这样吸很耗费小孩的精力，所以她心里非常焦虑。

事例 2

金金从半岁开始吸安抚奶嘴，特别在睡觉时一定要把安抚奶嘴含到嘴里，平时吵闹时，妈妈只要给他安抚奶嘴他就不吵了。金金都快1岁了，晚上睡觉时还要吸，金金妈妈听说，经常吸安抚奶嘴会使宝宝的齿槽变形、嘴巴变尖，因此非常担心这种不良习惯会给宝宝的成长带来不利影响。

事因分析

奶嘴对很多孩子来说，更多的时候是一种安慰，他们习惯吮吸的动作，这让他们感觉舒服和安心，但是长期使用奶嘴对孩子的牙齿发育和牙床咬合都会产生负面影响。

宝宝从出生至两岁的阶段属于口欲期，这个时期通过口欲满足来获得心理上的安全感和精神上的满足感。安抚奶嘴正好能在心理和精神上安抚宝宝的情绪。从心理学的角度来看，吸安抚奶嘴对宝宝的性格发展，具有一定的正面影响。

　　有一点家长要注意，不要让宝宝养成吸奶嘴成瘾的习惯，如果宝宝长时间、用力地吸吮玩咀奶嘴，尤其是劣质奶嘴，将会使得宝宝齿槽变形、嘴巴变尖、咬合不正，影响他日后的面貌形象。因此，家长在宝宝的婴儿期，一方面要替宝宝挑选品质好的安抚奶嘴，另一方面，如果宝宝长牙之后仍吵着要安抚奶嘴，可以拿别的东西吸引他，也可以在奶嘴上抹上少量辣椒，帮助孩子慢慢戒掉这种习惯。

小贴士

　　宝宝在 1 岁以前偶尔使用安抚奶嘴，不会影响他的牙齿发育。但是如果孩子养成了玩咀安抚奶嘴的习惯，时刻不离嘴，这就要小心他的牙齿了：出牙的时间可能会比正常的孩子晚，或是牙齿长得不整齐，或是出现两个牙齿重叠等现象。所以要让孩子正确使用安抚奶嘴，尽量让孩子在 1 岁以后不要再使用安抚奶嘴，可以为他选择其他的安慰物。

据专家介绍，使用高质量和大小适合的安抚奶嘴有利于孩子牙齿的发育。但如果达不到标准，最好还是不要让宝宝使用。家长可以试试以下几种方法，帮助宝宝戒掉安抚奶嘴：

1. 给孩子一个让他感兴趣并能动手玩一会儿的玩具。

2. 给孩子讲故事，与孩子做游戏，如拍手、传球、玩偶表演等。

3. 给孩子做睡前全身按摩或捏脊。

4. 协助1～2岁的婴儿做做床上的被动操。

5. 可根据所处的环境，灵活转移孩子的注意力，如倾听窗外鸟叫或汽车声、看下雨等。

当注意力只能暂时被转移时，不妨连续多用几种方法，千万不要气馁。

不要怕孩子摔倒

1岁的宝宝由于爬、站立和行走的技能日益增强，他可以满屋子到处探索周围的环境了。此时，由于宝宝的腿还有些软，常常站立不稳，有时走着走着可能会摔倒，在不严重的情况下，家长看到后，千万不要大惊小怪，或者赶紧上前拉起孩子。我们应该做的是，在孩子摔倒后，鼓励孩子站起来继续走。只有从小锻炼宝宝的自立精神和勇敢精神，才能培养出具有坚强性格的有用人才。当然，如果宝宝遇到危险，家长则应该及时处置，决不能让宝宝受到伤害。

事例 1

洋洋在家里扶着墙壁移动，他发现靠近墙脚有几个小孔，就用小手去摸，那是家里的备用电器插座，妈妈正在给洋洋冲牛奶，看见洋洋要用小手指去摸插孔，吓得大叫一声："不许动！"

洋洋正欲把手伸进孔内，听到叫声，顿时吓得不知所措。

事例 2

李女士的女儿佳佳刚满 1 岁，走路还不怎么稳，但很莽撞，不是这儿破了就是那儿紫了，仅 1 个月内就发生了两次重大意外事故：第一次是把额头撞伤了缝了 4 针，还有一次是把胳膊摔骨折了。佳佳胳膊好后没过几天，李女士给她洗澡时，又发现她肚皮被蹭伤了……李女士天天上班都提心吊胆的，担心一不留神佳佳又会出事。

事因分析

1 岁的宝宝活动能力增强了，已经可以离开妈妈自己蹒跚走路了，蹒跚学步的孩子总爱摸来摸去，凡是手够得着的东西就想拿过来放在嘴里咬一咬，或把东西拿来扔一扔，等等。这些行为都是宝宝在好奇心的驱使下做出来的，更主要的是，宝宝已经开始用自己的方式来认知世界，增长知识。这时家长应注意，千万不要用粗暴的态度去压制宝宝的这种好奇心。

专家认为，1岁的宝宝正处于动作敏感期，此时的孩子好动，喜欢探索一切未知的事物。

因此，对1岁左右的孩子，除了精心呵护外，家长还要教育引导他们。要是宝宝不听话，例如，故意把正在喝的牛奶杯摔在地上、用手捏蛋糕等，家长应当耐心地教导宝宝听话，有时也可稍加惩罚，比如用手轻轻拍拍他的手，这样也可使他有所领悟。有时他执意要去拿取一些危险物品，家长不必大声吆喝，较为明智的做法是，用其他东西来分散他的注意力。

当然，在孩子探索的时候，家长必须做一些相应的准备工作，例如，整理一下房间，消除一些不安全的隐患，把那些可能砸到孩子、烫到孩子的东西都放到孩子碰不到的地方。对于一时没注意到的威胁，当宝宝触及时，切不可大喝一声"不许动"，而应当及时放到他够不着的地方，或者立刻设法转移他的注意力，以免伤害他正在萌芽的自尊心和自信心。

一般来说，那些不安全因素有如下几类：

1. 电源插座

电视机、电灯、音响……一般这些电器都放置于客厅中，各种电线、电源插座也都随之统统暴露出来，而且一般距离地面都不太高，宝宝很容易触摸碰到。更让人担忧的是，似乎电源插座上的那些小孔小洞对宝宝有无穷的吸引力。

对策：电视机、音响等比较重的电器，要远离桌边（或桌子足够高），并且把电线隐蔽好。

在电源插座上安上防触电插座防护套，或者使用安全插座，这种产品更为常见，当没有电插头插入时，它的插眼是自动闭合的。

2. 门

小小一扇门，危险可不小。

当门被大风吹刮或无意推拉时，很容易夹伤宝宝娇嫩的手指。此外，现在房间的门把手多采用金属材质，有些还带有尖锐的棱角。宝宝经过的时候很容易碰伤小脑袋。

对策：将家中所有门装上安全门卡，聪明的妈妈也可以用漂亮的厚毛巾系在门把手上，一端系在门外面的把手上，另一端系在门里面的把手上。当风吹过时，只能吹动而不会关上。

用棉花、棉布做成漂亮可爱的门把手套，套在门把手上，这样宝宝就不会被门误伤了。

3. 茶几

不仅仅是茶几边缘，家中楼梯、桌椅、橱柜、梁柱等尖锐的地方，在宝宝学习坐、爬、站、走的过程中，统统都是危险源。此外，很多茶几设计得相对较低，虽然方便了我们，也方便了宝宝触摸茶几上的东西，但这可不是好事哦！

对策：桌角、茶几边缘等这样的家具边缘，如果是尖角要加装防护设施（圆弧角的防护垫），或者装修的时候选择边角圆滑的家具。

矮茶几（或其他相对较矮的家具）上不要放热水、刀（剪、针）等利器、玻璃瓶、打火机等危险物品，万一被宝宝够到，可能会对他造成很大伤害。

4. 地板

打磨得光亮整洁的石质地板比较坚硬，而且相对比较容易打滑，对要多多练习爬行、站立、行走的宝宝来说，难度相当大，很容易摔倒。而且，坚硬的地板更容易磕伤宝宝的头部，并伤及胳膊和腿。

对策：地板不要打蜡，因为打蜡容易使蹒跚学步的宝宝跌跟头。

当地面溅上水或油渍的时候，要及时清理，以免增加地板的滑度。

宝宝活动比较频繁的区域，地板上最好铺上泡沫塑料垫，即使摔倒，危险度也会降低。

5. 抽屉

"天知道为什么宝宝对抽屉这么好奇。"每次妈妈打开抽屉，小家伙就放下手头上一切活儿，乐颠颠地过来往里面瞅，有时候甚至自己动手去开抽屉。滑动自如的抽屉成了继门之外，夹伤宝宝手指的第二"元凶"。此外，妈妈们往往会把家中的危险品藏在抽屉中，例如，剪刀和刀叉之类的尖锐器具，如果被宝宝发现，后果不堪设想。

对策：可以使用抽屉扣，防止宝宝任意开启抽屉。

橱柜中的小抽屉可以使用安全锁，在橱柜抽屉的一侧与橱柜侧面相连的转角处装上安全锁。

6. 楼梯

现在，家中有楼梯的家庭越来越多，一不注意，宝宝就摸爬到了楼梯上，稍不留神就容易从楼梯上滚落下去，伤害了身体。

对策：最好在楼梯起步处装上安全栏杆，防止小婴儿攀爬。

宝宝学步的时候虽然有诸多危险，但只要我们处理妥当，就可以将对宝宝的伤害降低到最低。家长们切不可因为有危险，就不让孩子下地行走，更不能长期将孩子抱在怀里，背在背上。这样做，表面上孩子是没有什么危险，但限制了孩子的行动自由，阻碍了其智力发展，这是一种有百弊而无一利的错误行为。

家长正确的做法是，在做好一切安全防范的基础上，任由孩子去进行他的各种冒险探索。另外，在宝宝独自玩耍时，尽量不要去打扰他。跌倒了，只要不严重，不要理他，他会自己爬起来，如果宝宝一摔跤，家长就急忙拉他起来，久而久之，他就会形成依赖思想，这对宝宝的健康成长也是不利的。

小贴士

宝宝的健康成长，需要家长付出很多的努力。在 1 至 3 岁这个关键期，建议家长多为宝宝做一些按摩操，如穴位按摩、捏脊等。另外，要多引导孩子进行爬行练习，这可以锻炼孩子的平衡能力和协调能力，许多孩子大了之后成绩不好，不是智力原因，而是感觉统合失调。还有就是要多注意孩子的心理健康，不要以为孩子一哭就是饿了，要多和孩子交流，多逗笑，多说话，并开始情商的培养，以满足他们的好奇心和求知欲。

培养宝宝生活的好习惯，从1岁时就要开始抓起，如饭前洗手，吃饭时不能看电视、不要跑来跑去，睡觉前洗漱等。

家长教会孩子正确的行为规则比只教会宝宝什么是正确的概念要好。培养宝宝养成一种健康的生活习惯，锻炼宝宝自己制定目标和规则，并坚持按规则生活。

父母在生活习惯上要保证始终如一，否则三天两头地变化会让宝宝无所适从。例如只准在餐厅吃饭，当宝宝看到大人在客厅边看电视边吃饭时，他就会感到很困惑。

当宝宝不听你说话时，你可以轻轻地抓住他，直到他的注意力集中到你身上为止。

当宝宝哭闹不停时，你可以把他抱起来，告诉他这样的行为是不允许的。在纠正宝宝的行为时，应尽量采用积极的手段，以免损伤宝宝的自尊心。

家长应尽可能地称赞鼓励宝宝好的行为，例如"你真勇敢""你能帮助他人，真好""你表现得很棒"等，这些口头表扬会使宝宝更热衷于正确的行为，宝宝将会成长得更好，并增强自信心。

　　当宝宝所做的事对自己及他人构成危害时，你要坚决地对他说"不行"。宝宝可能没记住，并会再犯同样的错误，家长就要不厌其烦地继续解释并示范正确的行为，宝宝自己最终会明白的。

两岁的宝宝为何喜欢咬人

　　幼儿在发育过程中，嘴是一个很重要的器官。在宝宝非常柔弱的时候，他们通过用嘴吮吸母乳或者玩咀安抚奶嘴，使自己内心得到满足，他们用嘴去感知自己周围的世界，这就是为什么我们会经常看到小婴儿总是把玩具往嘴里放了。

　　嘴在孩子感知世界的过程中起着非常重要的作用，它是宝宝感知事物、获得表象、探索世界，甚至是获得精神愉悦的一个工具。在这个过程中，孩子还通过口、齿、唇的运动锻炼了咀嚼功能，并为语言的发展打下了基础。

　　可是，有些宝宝一直喜欢用嘴作工具，去感知见到的事物。这是他们了解外部世界的一种途径，也是他们自我放松的一种方式。

　　宝宝的口腔敏感期一般会在1岁左右中止，从这个意义上说，两岁的宝宝还咬人是值得重视的，但也不必恐慌，因为咬人背后的种种原因表明，这种现象仍然是值得宽容的。处于这个时期的宝宝有时会冷不防地咬人一口，也属正常现象。但是一旦频繁出现咬人现象，就应当引起家长的注意了。

事例 1

　　小宇上了幼儿园，第 1 天妈妈还真怕他不适应，不过还好，3 天过去了，宝宝没有什么不良反应。

　　但是，好日子不长，就在第 8 天，小宇放学回来就带来一份特殊的纪念，脸上有两排深深的牙齿印——他被小朋友咬了。妈妈问他："你今天被小朋友咬了？""嗯。"小宇委屈地回答。妈妈又问他："为什么有人会咬你的脸呢？"小宇半天也没有开口，可能他还太小，说不清楚或者根本就不会说。

　　出乎意料的是，第 9 天到家，小宇的脸上又多了道被咬的痕迹。

　　妈妈猜测，或许是小宇和其他小朋友发生了争执。第 2 天，她提前来到学校。当她看到小宇时，小宇正在吃老师发的点心，孩子没有看见妈妈，他在一心一意吃他的食物。小宇身边有一个孩子，胖乎乎的，不知是已把食物吃完了，还是老师没有给他发。他正眼巴巴地望着小宇手里的点心。

妈妈想，要是她没有猜错的话，小宇脸上的牙印就是这个胖孩子留下的。果然，胖孩子向小宇伸出了小手。小宇不给，把点心藏到身后，够不着食物的胖孩子急了，他扑上去抱着小宇的脸就咬了一口。妈妈在外面不禁"啊"了一声，小宇则在教室里哭了起来。

事例2

一天下午，李太太突然接到幼儿园打来的电话说让她马上到幼儿园去一趟。到了幼儿园，老师告诉李太太："你的女儿萍萍又咬人了。"只见老师旁边小朋友的手腕上有两排深深的牙印。"前天你女儿咬人时，我在全班小朋友面前批评了她，教育小朋友这样做是不对的。没想到第2天，她又咬了别的小朋友，而且今天已经有3个小朋友被她咬了。"李太太听了，马上把事情的经过问了一遍，原来是萍萍抢别人的玩具，抢不过就咬人了。听完之后，李太太把女儿拉到一边对她说："玩具是要大家玩，不要抢，而且咬人是不对的，你看那几个被你咬的小朋友多疼啊，你们是朋友应该大家一起玩才对啊。"

但没过几天，女儿就又咬人了，妈妈非常苦恼，怎么自己的孩子有这么野蛮的攻击性行为，不知该怎么教育才好……

事因分析

有关专家认为：两岁宝宝习惯用嘴去感知事物，这是他们了解外部世界的一种途径，也是他们自我放松的一种方式。所以，两三岁的宝宝咬人的事件频繁发生，你的宝宝或许也被人咬过，或者你的宝宝也张口咬过别人。那么，真的如上文所讲的那样：宝宝是真的想攻击别人吗？他们真的野蛮吗？怎样才能制止宝宝的咬人行为呢？

美国心理学家奥本·史达姆博士认为："一个两岁左右的宝宝咬人并无恶意。刚刚学步的孩子还不懂得用语言表达他们的生活感受，常常喜欢通过咬人这种方式来表达他们的兴奋和激动。"

为什么会出现这种情况呢？有关专家分析，主要有以下几点原因：

1. 长牙发痒而引起的咬人行为

这个年龄段是宝宝生理发育的高峰期，身体的快速增长会带来生理上的不适感，如关节痛、肌肉酸等。

在宝宝长牙的阶段，会因为牙龈黏膜受到刺激而发生牙痒痒的现象，宝宝因为牙痒难忍而禁不住去咬人或者其他东西，这个时期宝宝有强烈的啃咬欲望。

针对这种情况，家长不妨给宝宝一个可以满足他咬的需要的替代品，来缓解宝宝这一特殊时期的特殊需要。可以给宝宝吃适量的五香豆、兰花豆、青苹果、白菜、菠菜等膳食纤维较丰富的新鲜蔬菜及水果，也可以给宝宝干净的软毛巾或者磨牙棒，让宝宝有更多的咀嚼机会。

2. 语言贫乏所致

两岁的宝宝这时已经学会走路，随着宝宝活动能力的日渐增强，他的活动范围也在不断扩大，宝宝与外界的联系也越来越频繁。这个时期宝宝口头表达的词汇比较贫乏，还不懂得如何与人交往，所以他们常常用推、拉、咬等非常手段来引起同伴的注意，以此达到交往和表达意愿的目的。

针对宝宝的词汇量贫乏，家长应该着重让宝宝学会运用更多的词汇，从而来表达自己的意愿。

针对宝宝因为心理不满而咬人的情况，要让宝宝明白，在他生气和不安时，有比咬人更好的表达方式，告诉宝宝他可以向对方说："我不要。"如果宝宝不能把自己的意愿表达清楚的话，可以向大人求助。要是宝宝咬人是因为喜欢对方，想要和他做朋友而不知道如何表达，家长不妨教他这样说："我很喜欢你，我们做朋友好吗？"家长和宝宝一起进行这样的沟通游戏，帮助宝宝在游戏中学会用语言和别人交流，以后就不会再去用嘴和牙齿和别人交流了。

3. 咬人是一种发泄

两岁的宝宝往往表现出强烈的自我心理，当他的这种心理得不到满足时，就要通过咬人发泄出来。如果经常打骂宝宝，他很可能咬小朋友，这是情感移置的方式，把自己内心的愤怒和不满发泄在其他小朋友身上。同时也可以说他是在模仿大人的行为。比如，他在与其他孩子一起玩的时候，别人把玩具抢走了，那么他的反应往往不是打人就是咬人。

攻击性咬人是有意的侵犯行为，不利于宝宝与他人的交往和建立良好的同伴关系，需要高度注意。可以引导宝宝用不伤害别人的办法来转移负面情绪，如拍打枕头、撕报纸等，要对宝宝反复强调，咬人是一种很不好的行为，爸爸、妈妈和其他小朋友都不喜欢，这会伤害别人，不是一个好宝宝的行为。同时你也需要重新审视自己的教育方式和教育观念，思考对宝宝进行惩罚是否恰当，否则将会出现双重标准。宝宝会糊涂：大人为什么可以使用暴力，他却不可以呢……

针对这种情况，家长应该马上采取行动加以制止，如试试缩短与其他孩子一起玩耍的时间，或适当减少一起玩的人数。应当注意两个孩子可能会想玩同一个玩具的情况，一旦他们开始抢同一个玩具时，马上将他们分开。研究证明：吵闹等强度刺激是引起咬人的最常见的因素之一，一个拥有高质量睡眠的宝宝一般很少用牙齿咬人。让宝宝玩安静的游戏，保证他充足的睡眠可以平静宝宝的情绪，当他心中有不满时，也不至于极端地去咬人。

4. 出于好奇模仿

有时候宝宝咬人是一种社会性模仿行为，要知道宝宝的好奇心总是特别强烈，当他们看到其他小朋友咬人时，自己也会学着去咬人。由于这阶段的宝宝模仿能力特别强，所以幼儿群体中的咬人事件频繁发生。

针对这种情况，父母应该明确告诉宝宝，咬人是一种很不好的行为，爸爸、妈妈、老师和伙伴都不喜欢，因为咬人会伤害到别人。要对宝宝反复强调这是一种不良行为，当看到宝宝有咬人的倾向时，就要用话语或眼神严厉地制止，应该让他明白，爸爸、妈妈不希望他这样做。

5. 用咬人来表达爱意

两岁的孩子，尽管在人与人交往的意识方面有了很大提高，但交往技能却没有相应地发展，以至于误把咬人作为表达爱意的方式。

对那些经常被爸爸、妈妈亲吻的宝宝来说，因为被爸爸、妈妈亲吻的感觉很好，于是便模仿着去亲吻别人，但由于尚不懂得如何把握"亲吻"的度，结果把牙齿也用上了。

针对这种情况，一方面，家长要相信宝宝随着交往技能的发展，用咬人来表达爱意的行为会渐渐消失，另一方面，可以通过积极引导或避免可能产生负面影响的示范，让孩子放弃或忘记这种表达方式。在孩子面前别再只用亲吻来表达爱意，以免孩子进行不恰当模仿，并对孩子表达爱意的方式进行正确指导。

6. 有些孩子咬人是因为心理因素

他可能总是从父母那里得不到自己的情感需求，或是很少得到父母的关注、支持和鼓励，感觉父母不喜欢他。这种缺乏被爱的感觉使他去咬别人，以此发泄自己的情绪。

1岁多的宝宝基本上还不会用语言来表达他的意愿和感受。如果家长在看护的时候忽视宝宝的安全需求，让他一个人独自玩耍，就会导致他对新鲜、陌生的环境害怕和恐惧。咬人则成为宝宝战胜恐惧、进行自我保护的唯一方式。

针对这种情况，家长就要改变自己对孩子的教育方法，让宝宝有安全感。宝宝渴望被关注和爱护，当他需要的时候保护他，永远在他身边，对他来说非常重要。不要笑话宝宝的胆小，尤其是男孩子，不要因胆小而惩罚他。这样做并不能消灭恐惧，反而会极大地伤害宝宝的心理。也不要去逼迫宝宝克服胆小，这只会让他更加胆怯。

不要过高要求孩子，根据孩子的实际情况加以帮助和鼓励，帮助孩子树立自信心，消除心理障碍。最好是经常和宝宝交谈，反复告诉他，你是多么爱他，你是他的保护神，不会允许任何人伤害他。这样，一段时间后宝宝的恐惧感自然会消失，他也会认识到咬人的不对，以后就不会再去咬人了。

7. 家庭教育不当

有些家长怕自己的孩子在外吃亏，常会鼓励自己的孩子与别人争吵时不能示弱，有的孩子在争吵中偶然采取咬人手段而"获胜"，还会因此得到家长的赞许，从而坚信这一行为是正确的，逐步形成咬人的不良习惯。

针对这种情况，家长首先要端正态度，改进教育方法。如果自己孩子咬了别人，要及时批评孩子，并让孩子向对方检讨认错，同时家长支付必要的物质和精神赔偿，让孩子在实际行动中受到教育，从而改掉这一不良行为。

小贴士

小孩在 1 岁左右的时候，有时会冷不防地咬人一口，这一般会被看作是正常现象，因为此时的孩子正在长牙，看见什么都喜欢用牙咬一咬，他们此时还分不清到底咬的是人还是物。

但是，两三岁的孩子如果还咬人，那就需要寻找原因了。如果只是和别的孩子发生矛盾，偶尔咬了对方一口，这倒没什么，但如果宝宝的精神经常处于紧张状态，不管高兴或不高兴都咬人，就应当引起家长的注意了，一定要避免宝宝形成小气、霸道等不良性格。家长一旦发现孩子是习惯性咬人，最好请儿科医生诊断。也有的幼儿是由于药物治疗引起情绪不稳，可通过调整药物进行改善。

　　父母对于咬人的孩子不要过多责备，以免对孩子造成负面的影响，应对其进行正面教育，培养孩子辨别是非的能力，这样，既能有效地防止孩子出现过失行为，还能培养孩子正确处理与人相处时遇到意外事件的能力。

孩子的坏脾气是什么原因造成的

1 ～ 2 岁的宝宝，路走得稳了，活动范围大了，对陌生人会好奇，很喜欢看小朋友们的集体游戏活动，但并不想去参与，爱单独玩，独立意识开始萌生。此时的孩子喜欢用空盒子、小桶等有空间的容器装玩具；喜欢模仿成人的动作、语气；喜欢玩球，会做把球举过头抛起来的游戏；喜欢和大人一起做认指眼、耳、鼻、口、手等认识人体器官的游戏。

孩子的知识在增长，脾气也在增大，当不如意时，他会扔东西，发脾气，表示不服从。当孩子发脾气时，不要呵斥他，小孩子的注意力很容易分散，不妨用别的事情吸引他，他会很快忘掉这些不愉快的事情。

事例 1

这天天气很好，妈妈带园园到外面和小朋友玩耍，小区的环境很好，到处绿树成荫，鲜花怒放。园园见好多小朋友都在这里玩，显得很高兴。一个四五岁的小姐姐正在玩呼啦圈，呼啦圈五颜六色的非常好看。园园过去就抓住，并使劲朝自己这边拉。小姐姐不给，他依然边拉边看着妈妈。妈妈忙说："园园乖，这是姐姐的，园园不要。"园园一听妈妈不让要，就赖在地上大哭，妈妈哄了半天不起作用，气得在他小屁股上打了两下，谁知园园哭得更厉害了。

事例 2

乐乐快两岁了，可还是一刻都不能离开妈妈，一看不到妈妈就哭，连上厕所都要跟着，睡觉也要妈妈陪着睡，中途若醒了发现妈妈没睡在身旁，就开始哭，别人怎么哄都没用。白天看电视的时候，妈妈让他站远一点儿，他反而走得更近，好像故意要气妈妈。妈妈做事情，他感兴趣的时候也要做，却不听从妈妈的指挥，经常弄得一塌糊涂……

事例3

小光两岁了，有一天小光在玩妈妈的化妆镜，妈妈对小光和颜悦色地说："宝宝，镜子是玻璃做的，被你摔了的话就会坏掉，明白吗？"小光听懂了似的点点头，可还没等妈妈回过神来，这镜子就被他高举起来摔了下去。

事因分析

宝宝在两周岁左右的时候，开始有了"自我"的意识，并会在不久的将来进入第一个反抗期，这是宝宝必经的一个成长过程。其表现为以自我为中心，有什么不顺心的事就发脾气、摔玩具，和小朋友闹别扭就挥起小拳头。

从心理学的角度来看，孩子发脾气也是一种心理需求的表现。宝宝随着生理、心理的发育，开始逐渐接触更多的事物。宝宝对这些事物认知没有形成正确与否的概念，也不会像成人那样先进行理性的分析，再做出行动的决定。宝宝都是凭着自己一时的情绪与兴趣来做的，不会顾及这些事物对他是否适宜、有利，也不会想到是否会对自己造成伤害。

　　当宝宝遇到挫折或是感到不舒服的时候，很自然地就会通过发脾气来表达，比如摔东西或是拉扯妈妈的头发。这样的行为只能偶尔出现，并不能作为宝宝的一种习惯。

　　其实这些行为也是正常的，这是大多数宝宝在两周岁左右几乎都会做的事情。只是有些宝宝表现得明显，有些不明显而已。

　　另外，宝宝的成长环境也是导致宝宝发脾气的一个重要因素。父母是宝宝的第一任老师，爸爸、妈妈如果性格较暴躁、易怒，经常发生家庭战争，这些都会给宝宝的心灵造成伤害，在潜移默化中，宝宝也会像爸爸、妈妈一样，在遇到困难、处理问题时采用简单暴力的方法。

　　还有一些沟通能力比较弱的孩子也会经常发脾气，他想和小朋友表示友好，却不知怎么表达，就会故意做出一些表现异常的事情，如咬人、打人、哭闹等。有攻击倾向的宝宝并不一定都是个性强悍的，有一些是因为他们的内心比较脆弱，想用武力来保护自己。

　　造成孩子脾气暴躁的原因很多，根据不同的情况，父母可以区别对待。

　　1. 孩子从小身体不好，经常生病，得到家人各方面的百般照顾，渐渐养成了别人就应该依从他的心理，一旦不依从，从心理上便无法自控。

2. 父母平时不在孩子身边，短暂地相聚时恨不得给孩子所有的补偿，即使是孩子的一些过分要求也会盲目满足。因此，当孩子的欲望得不到满足时，常常大发脾气。

3. 孩子平时受到过分的宠爱，很少受挫折，心理承受力差。当他遇到批评或相反的意见，便无法忍受。

4. 有些孩子曾经有过这样的经历，当他大发脾气，大哭大闹后家长就屈服了，从此，他就发现发脾气的妙用，把发脾气作为要挟父母的手段。

5. 由于父母情绪不好或脾气暴躁，孩子会经常莫名其妙地受责骂，或父母许诺了的事情又言而无信，孩子无法理解，长时间的心情压抑或不满，会用发脾气来发泄。

孩子发脾气时可以先冷处理，把他暂时搁置一边，因为这时的孩子是什么也听不进去的。等他情绪略微平静下来，家长可以把宝宝搂在怀里，慢慢地问他："刚才为什么发这么大的脾气，发脾气能解决什么问题吗？能和妈妈说说你的道理吗？"家长一定要听听孩子的想法，了解孩子发脾气的原因，才能帮助孩子控制自己的情绪，学会用适当的方法解决问题。要想改变孩子的坏脾气，还应做到以下几点：

1. 要鼓励孩子用语言表达自己的感受和需求，对其正当的需求应尽量满足，不能满足时应耐心解释，帮助孩子提高自控能力。

2. 父母及家人对待孩子的态度要统一，当孩子没有道理地发脾气时，不能因孩子的哭闹而妥协。

3. 父母应注意和孩子的情感交流，不能因大人的情绪变化，时而严厉，时而娇惯，导致孩子因无所适从而爱发脾气。

小贴士

在宝宝和其他朋友玩的时候，不要对宝宝进行过度的保护，特别是当小朋友之间发生小冲突的时候，您也不必多加指点，应该让宝宝自己学会处理冲突。如果两个宝宝抢玩具，您也不要以成人的心理，强迫自己的宝宝放弃自己心爱的玩具，那样会让宝宝迷惑不解，而且还会因此非常伤心。您要让宝宝有机会维护自己的权利，这也是社会交往的基本规则。这会为宝宝今后的性格形成打下良好的基础。

五彩玩具带来的启发

　　两岁的宝宝开始对玩具产生更大的兴趣，他已经能够玩比较复杂的玩具，并在玩耍时加进自己的想象。

　　如果给这时的宝宝一个玩具电话，他不再像刚满 1 岁时那样往地上扔了，他会对着话筒叽叽咕咕地"通话"；如果给他一个布娃娃，他也会帮布娃娃脱衣、穿衣、洗脸、洗澡，忙得不亦乐乎。这种最初的角色扮演游戏表明宝宝已展开了想象的翅膀。这一时期是让宝宝充分体验玩具所带来乐趣的大好时机。这意味着你不应随时随地用玩具教孩子学知识，比如孩子拿起圆形玩具，你就要求他记住"圆形"，这样刻意用玩具作教具，会使玩具失去原有的意义，减少玩的乐趣。

事例 1

舫舫的小手越来越灵活了，他会用珠子穿成一串项链让妈妈戴上；喜欢用笔涂涂抹抹，即兴画一堆"面条"。宝宝也尝试学着妈妈的样子画鸡蛋，不管画出的是什么，他都高兴地叫"鸡蛋、鸡蛋"。家里的每一样东西，他都要翻一翻、动一动，从来没有安安生生、老老实实待一会儿的时候。宝宝就是这样通过手脚不停地摆弄各种东西，来逐渐了解他周围的世界。

事例 2

妈妈把两岁的阳阳送进了托儿所，刚去的时候，阳阳天天哭闹，但时间一长，妈妈就发现阳阳喜欢去托儿所了。这个变化让妈妈挺高兴的，她认为宝宝长大了，听话了。可没过多久，老师就找到阳阳的妈妈说，阳阳平时挺乖的，就是一到玩玩具的时候，就爱和同学抢，抢不到还会推小朋友，推不动还会去咬人。老师请阳阳妈妈管管她的孩子。

阳阳妈妈听了非常惊讶，因为阳阳在家里不是这样的呀！

事因分析

两岁以后，宝宝的自我意识开始觉醒，会主动要求自己穿、脱衣服。会拿着电话，学着父母的样子，走来走去地哇啦哇啦"打电话"，这时父母不应该表现出不耐烦的情绪，相反，还应该趁热打铁，耐心地协助孩子。

比如，在宝宝打电话时，你随着宝宝的"啊哇"声，多和他应答几声，这样就能增强宝宝自娱自乐的兴趣，提高他的自信心，自发地进行类似的游戏。

玩具被称之为学龄前儿童的教科书，说明玩具对开发智力及开展儿童早期教育有重要意义，不过很多家庭还没有认识到启发幼儿玩玩具的重要性。按照幼儿年龄的特点可以分成以下几点：

0～1岁：宝宝出生后的第1年，是身体和心理发展速度最快的年龄段，这个时期机体和神经系统的功能迅速发展，视觉、听觉和对声音的反应逐步完善，这个年龄段的宝宝，需要成人利用语言、动作或玩具的色彩、声响引起儿童的注视，比如成人拿着玩具吸引孩子视线移动。这样可以促进视、听、触摸能力的发展，还可以练习翻身、爬行、站立、行走等动作。

1～2岁：宝宝的独立能力迅速发展，从刚刚学步到慢慢能独立行走，逐步学会了跳跃、攀登、投掷等基本动作，这个时期开始能用简单的语言与人沟通。

适合这个年龄段发展动作的玩具有推拉玩具、球类玩具和积木积塑玩具，成人只有根据玩具的特点引导孩子玩，才会在训练宝宝平衡发展上取得更好的效果。

2～3岁：这个年龄的儿童已经学会跑、跳、攀登、握笔、系扣子等动作，词汇量增长很快，观察能力和思维能力得到了充分发展。

对这个年龄段的宝宝，除选择适当的玩具和引导孩子玩之外，还要及时培养孩子良好的习惯，如爱护玩具，不要因玩具过多而喜新厌旧，与小伙伴玩时应注意团结友爱、不自私，注意力应集中等。

这一阶段的宝宝因为还没有形成对错的概念，所以对自己喜欢的玩具都想拿在自己手中才高兴，再加上现代家庭孩子都比较少，在家里他是唯一的宝贝，他会理所当然地认为："所有的东西都是我的！"所以到托儿所后，看到自己喜欢的玩具出现在别的孩子手上时，就会出现"抢"的情形。这是这一时期宝宝的一个特性，它常常让父母和老师们感到很棘手。

小贴士

　　两岁的宝宝打电话、学穿衣、抢玩具，目的都是满足自己的快乐感受，也是成长的见证。随着年龄的增长，孩子慢慢长大，这些过程都会变成美好的回忆。大人不用干涉孩子的行为，让孩子学着自己处理和玩耍。如果在这个过程中阻止孩子，甚至打骂孩子，都会对宝宝的健康成长造成不良的心理影响。在平时的教育中，家长可以用说故事的方式鼓励孩子向好榜样学习，以正面影响他的态度和行为。

好动带来的安全隐患

1～2岁孩子的身体活动能力明显增强，周岁还不能走路的孩子，到了一岁两三个月就会独立迈步了，1岁到1岁半的孩子步伐可迈得较快。不管是满周岁就会走路还是晚走两三个月甚至1岁半才会走路都是如此，他们还能后退，会爬台阶等，由此就会带来许多安全隐患，这是每位家长不可掉以轻心的重大事情，否则出事了就会后悔莫及。

事例 1

冬日，温暖的阳光照耀着大地，江女士感到室内很闷，就打开阳台，抱着两岁的女儿月月到阳台上晒太阳，太阳很暖和，母女俩都很惬意。一会儿，月月玩饿了，想喝牛奶。江女士对月月说："宝宝别动，妈妈给你冲牛奶。"月月懂事地答应了。江女士冲好牛奶回来，抬眼一看，不禁吓出了一身冷汗。原来，月月不知什么时候，已经从阳台的木椅爬上了没有护栏的阳台，正欲站起来呢。阳台外是 6 层楼的高空，江女士知道孩子掉下去的后果。她扔了奶瓶，蹑手蹑脚地来到孩子身后，一把搂住了孩子，身体一软坐到了下面的木椅上，半天心还在狂跳。

事例 2

一天中午，张太太见两岁的星星一个人在玩耍，就自己去做家务。谁知没过多久，忽然听见星星一声惊叫，她急忙跑过去。只见星星正一手举得老高，站在开水瓶前哭呢。张太太上前一看，原来是星星把开水瓶上的塞子拔了出来，她抓过星星的小手一看，只见孩子细嫩的手上已烫起了大泡。张太太心疼地把孩子抱在怀里，懊悔不已。

事因分析

在宝宝还没有学会走路时，爸爸、妈妈可能不觉得家中有什么不安全，因为这时的孩子还不会自由活动。当宝宝学会走路后，随着身体活动能力的增强，宝宝在好奇心的驱使下，对外界一切事物都感兴趣，总喜欢冒险，到处乱跑，爬高爬低，见什么抓什么，这样就容易发生一些如跌伤、碰伤、烫伤、触电、吞食异物等意外。

这时宝宝"自立"的倾向愈加明显，常会趁大人不备，独自跑到户外，在没有大人监护时，往往会出现危险和意外。所以这个年龄段的孩子，最需要成人照顾以防意外发生，诸如孩子从阳台上掉下或从楼梯上滚下的情况在这个年龄段发生得最多，因此，阳台上不能放杂物，通向阳台或楼梯的房门一定要关紧，水缸要盖好，不让孩子摆弄、玩耍玻璃、金属制品、电器等。家中的药物一定要放在孩子够不到的地方。

在孩子学会走路后，细心的父母会发现宝宝的周围处处存在不安全因素，即使时时刻刻有人照看孩子，也可能在一转身之间发生危险。

据报道，全世界每年发生的儿童意外伤亡事故中，大约有200万起是由于家中的不安全状况造成的。这些意外事故，看似无法避免，但事实上，如果使用保护儿童的安全产品，其中许多事故是可以避免的。所以，花一些时间为房间装上安全措施，是非常必要的。

这些安全措施有如下几条：

1. 安装防触电插座防护套

防护套有两眼和三眼两种选择，把它插入不使用的插座内，防止孩子因好奇而把手指或玩具插入插座眼内，导致触电事故发生。

2. 安装防撞台角

家中所有有棱角的家具都应该装上它，例如餐桌和茶几，可以在孩子跌倒时防止撞伤。注意事项：必须严格按照说明书指示使用，保证台角与家具紧密粘牢，以防被孩子轻易取下。

3. 安装大塑料夹

如果家中窗户使用卷帘的话，把卷帘绳折叠收高，用晾衣服的大塑料夹牢牢夹住，使孩子够不着，防止孩子使劲拽卷帘绳，导致卷帘下坠伤人。

4. 安装安全门卡

把它套在家中所有门的上方，防止门不慎关上时，夹住孩子幼嫩纤细的手指。父母须时常检查门卡有无碎裂迹象，以防其碎裂后落下，孩子误食碎片。

5. 安装安全门锁套

如果想长期禁止孩子进入家中的某些房间，在门把手上装上门锁套就可以了。父母必须注意：家中所有的门不论从哪一面锁住，都应能从另一面开启，以防孩子不小心将自己锁入房内。

为了防止宝宝被锁在房间里，父母一定要注意，平时不要把房间钥匙放在相应的房间里。否则一旦出现宝宝和钥匙同时被锁在同一房间里的情况，会增加危险。建议父母另备一份房间钥匙，放在客厅不易被拿到和发现的地方。

小贴士

随着智力的提高，1岁到1岁半的孩子对周围世界很敏感，但他们欠缺对外界事物的应变和防御能力。因此，这一时期就需要家长付出大量的精力来照顾孩子，千万不可图一时的省事，而忽略了孩子的安全。任何时候，任何地点都不能有丝毫的松懈，上面事例中的例子就是给每一位年轻父母的警戒。

独立自主性格的产生

2 ~ 3 岁是幼儿自立意识和自主意识萌生的阶段。通常在这个阶段，许多孩子都会努力表现自己，想得到大家的夸奖和赞美。然而，在父母眼里，孩子太小，没有自立能力，所以事事都想帮助孩子去做，殊不知，这样对孩子的成长是有百害而无一利！

事例 1

这天，郝大妈带着刚学会跑的小孙子到楼下去玩，孩子和楼下的小朋友玩得很高兴。到了该吃饭的时间，小朋友们都各自回家了。郝大妈带着孙子刚到楼梯口，正准备抱他，小孙子却挣扎着不要抱。"他不会想自己上楼梯吧？"看着有 20 多个台阶的楼梯，郝大妈心里这么想着。谁知郝大妈刚一松手，小孙子就蹒跚着直奔楼梯，"我要上高高，我要上高高！"原来，小孙子真要自己上楼梯，"他能上去吗？腿还没有台阶高呢！太危险了！"郝大妈想着赶紧走过去，抱住他。谁知他极力挣扎着要下来，没办法，郝大妈只得将小孙子放下来。看着他手脚并用，吃力地一点点地往上爬，郝大妈心里紧张极了，忍不住就想去扶他。谁知，当小家伙感觉到奶奶的手时，就腾出一只小手使劲往外推，"不要奶奶扶！"

事例2

星期天的早上，张女士3岁的儿子对妈妈说："妈妈，我要自己做早饭。""这孩子一定是看见我每天给他冲奶粉了，觉得既容易又好玩。"张女士边擦着手边这么想着。待张女士擦干净手，可爱的儿子已经站在小凳子上，打开了奶粉罐的盖子，只见他舀了满满一勺奶粉，动作迅速地倒在了他的小杯子里。然而，奶粉只有三分之一倒在杯子里，其余的都撒在了桌子上。

事例3

一个小男孩和一个小女孩在玩滑梯，小男孩挤了小女孩的手，小女孩就嘟起了嘴。这时，老师并没有像"裁判"一样评判谁是谁非，也不说"玩时要当心，谁也别碰了谁！"而是和蔼地问那小男孩："你知不知道她为什么不开心呢？"小男孩沮丧地说："因为我挤了她的手。"老师就笑着说："噢，原来是这样。那么，你能不能试试用个什么好办法，让她高兴起来？"那男孩想了想，就走到那小女孩面前说："对不起，我不是故意的，原谅我吧！"那小女孩不吭声，但脸色好多了。老师便蹲下来，问那女孩："你感觉好些了吗？"小女孩提出自己的要求，说："我觉得用凉水洗洗手会好些。"老师就赶紧表示赞成，让那小男孩陪小女孩去洗手间洗手。一会儿，两个孩子就手牵手从洗手间出来了。小男孩高兴地告诉老师："她感觉好多了！"于是，两个小朋友和好如初。孩子中的诸多摩擦，老师多数情况下充当了"裁判"的角色，评判谁是谁非，而没有想到这正是培养他们自己解决纠纷的实践机会。

事因分析

直接行动思维是人类最低级的思维方式，是 3 岁以前主要的思维方式。上述的例子，都是处于 3 岁以前的孩子直接行动思维的表现，也都是宝宝自立意识的表现。

幼儿在 1 岁后，进入建立自主阶段，开始尝试克服身边的困难。例如，他们会自己动手冲奶粉，这是他们在尝试探索自己的自主程度，此时的父母不应该为了保护孩子而替代孩子的双手，应该让孩子自己去尝试。当孩子成功迈出第一步，父母应该给予鼓励，激励他们继续去尝试、去探索。

当大人看到孩子费力地在爬楼梯，因怕孩子可能会碰着摔着，便急忙上前去保护。这样做只会使孩子觉得自己的"能力有限"，孩子就会潜意识地不再去尝试，并会感到不安。所以在幼儿探索定位的阶段，父母要细心衡量什么事情是孩子有能力做到的，在哪个时间插手最好，哪个时间放手最宜。

一两岁的孩子充分显示出了想模仿大人的天性，这个时期的孩子有了"我能做"的强烈想法，他们渴望自己尝试某些活动。为了独立，他们会抛开平时最爱自己的父母，去完成自己认为能够完成的事情，比如自己爬楼梯，自己做饭等，虽然做起来要比他们预料的困难得多，但孩子为了证明自己能行，通常会坚决抵制大人的帮忙。

实际上，孩子这种反抗行为完全表达了他们对父母的爱和信任，因为孩子只有在感觉安全的情况下，才会放开手脚，勇敢地去做自己想做的事情，并能坚持下去。父母的爱是孩子独立和探索外面世界所需要的动力。

对父母来说，当孩子正在做自己有能力独立完成的事情，需要父母的存在却不需要父母插手代办的时候，父母应该尽量满足孩子的要求，这样才能更有效地培养孩子的自立能力。只有家长端正教育思想，有意识地培养孩子的这种能力，孩子才能成为独立自强、身心健康的人。家长在日常生活中要注意做到以下几点：

1. 充分尊重宝宝，把宝宝当作一个具有自主性、有内在要求和发展潜力的个体，而不仅仅是家长的附属物或是"小皇帝"。

2. 经常有意识地为宝宝提供机会，让宝宝独立做一些力所能及的事，而非事事包办。

3. 有意识地引导和教育宝宝，在日常生活中培养宝宝主动适应和发展的能力，比如从穿、脱衣服到洗脸都由宝宝自己独立完成，允许宝宝给自己冲杯牛奶，给奶奶冲杯牛奶，提高宝宝的动手能力和意识。

4. 有意识地改变观念，减少对宝宝的溺爱与迁就，从小培养宝宝的独立生活能力，给宝宝更多自我锻炼、自我服务的机会，减少宝宝对父母的依恋和依附，提高宝宝对社会生活的适应能力，这将有助于宝宝独立性的发展。

5. 突出宝宝交往中的自立意识。从宝宝自身的特点来看，一方面他们还很不成熟，很难自立；另一方面，他们有时确有自立能力。引导宝宝在交往中树立自立意识，这对提高宝宝交际能力有很大作用。首先这种自立意识有助于形成独立人格，其次能提升宝宝的自尊心和自信心，使他们在人际交往中有着积极的心态，以便长大后能以和谐美好的姿态去处理人际关系。

小贴士

或许，孩子的这种行为会让一些家长担心，害怕孩子因为年纪太小而受到伤害。其实大可不必，因为这正是锻炼孩子自立能力的好时机。孩子总有一天会远离父母，要一个人独自去面对社会，与其让他们长大以后在社会上无所适从，不如从小锻炼他们，让他们从小种下自立自强的种子，只有这样培养出来的孩子才能在竞争激烈的社会中生存下来。

第二章

孩子心理反抗期

（3 ~ 5 岁）

3 ~ 5 岁是孩子的第一个"反抗期"，也是孩子的心理反抗阶段。此时的孩子往往会有许多令大人头痛的表现，但这一阶段也是教育孩子的关键阶段。

俗话说："从小看大，三岁知老。"孩子长大后的性格、爱好、处世方式和 3 岁时差不多。3 ~ 5 岁是人的个性初步形成阶段，这一阶段在人格发展的过程中占有重要地位。此时既可以反映出婴儿时期人格发展的趋势，也可预知将来发展的成就。

所以，当孩子进入心理反抗期时，父母要采取正确的方法来对孩子进行教育引导，努力使孩子健康地、愉快地度过这一时期。

强调以自我为中心

3 ~ 5 岁，孩子处于正常发展中的一个重要阶段。此时幼儿的基本特质，呈现出一个相当明显的心理倾向，那就是以自我为中心。"自我中心"是人类从幼年走向成熟的一个自然的、必经的阶段。"自我中心"状态会影响幼儿对自己、对他人的认识，影响幼儿与别人的关系。因此，父母要帮助自己的宝宝逐步摆脱自我中心状态，让孩子经常和别人交流看法，多考虑其他孩子的想法，以便快速地融入其他孩子之中。

事例 1

一天，刘女士在菜场上买了几根黄瓜，女儿好奇地凑上来问："妈妈，这叫什么菜？"

刘女士回答她说："这是黄瓜。"

她听了马上抗议道："不对不对！这不是黄色的，这明明是绿色，应该是绿瓜，你说错了。"

刘女士说："囡囡说对了，熟透的黄瓜应该是黄色的，可是熟透的黄瓜皮厚不新鲜，所以，人们都喜欢吃还没有熟透的嫩黄瓜，而嫩黄瓜就是绿色的。"

女儿说："照这么说，还是应该叫绿瓜。"

事例2

3岁的小刚在幼儿园内玩耍时，搬着小椅子不小心碰到了另一名男孩小光，小光冲上来就用小拳头使劲地朝小刚的头部打去。老师见状立即上来制止，小光却气呼呼地说："谁让他碰我了，他碰我，我就得揍他！"

事因分析

一般来说，孩子在发育的过程中会有两个心理反抗期，3岁开始进入儿童的第一个反抗期，所谓"反抗"是指儿童产生逆反心理。儿童的逆反心理不是异常现象，它是由于孩子和父母之间价值观的不一致而产生的正常心理过程。这个时候由于儿童的自我意识的发展，说话、运动、认识事物能力的发展，他会认为有些事情自己可以做了，所以跟父母的教育观点就会产生冲突。以自我为中心是儿童早期自我意识发展的一个必然阶段。常常体现在：

1. 入园时大哭大闹，跺脚，在地上打滚耍赖，拼命拉住家长不放手，不吃饭，不上床睡觉。

2. 在活动中不明原因地大哭，有时是因为受了小伙伴的欺负，有时是因为想小便，总之什么事都用哭来解决。

3. 不由分说地抢玩具，一边抢一边说"我的、我的"，当老师告诉他不能抢玩具时，他通常都是若无其事地说："我要玩！"

4. 有的孩子远离群体，喜欢一个人玩，经常一个人在班上走来走去，嘴里还念念有词。

5. 即使是集体活动，孩子们也经常各做各的，互不理睬。

6. 在合作活动中，大多数孩子不会主动寻找合作伙伴，而是原地不动，等待着别人来找自己。

7. 在游戏中不让别人碰自己的东西，有人动了他的东西，就会出现打人等现象。

8. 不听父母的话，觉得自己说的就是对的，比如上述"黄瓜与绿瓜"的事例。

9. 没有容忍度和宽容度，常常是别的小朋友碰自己一下就要还手，比如上述事例中的小光。

造成孩子以自我为中心的原因有以下几种：

1. 自我心理意识

到了 3 岁左右，孩子的自我意识处于萌芽阶段。在此阶段，儿童以自我为中心观察世界，认为周围跟自己密切相关的人、事、物都应该服从自己的需要。他们往往从自我出发来进行行为选择和活动设计，从不考虑他人。这个时期的孩子总是认为，自己的观点是对的，这在大人看来则是逆反心理的表现。

2. 家庭的疏忽

每个孩子都是父母心中的宝贝，家长只顾满足孩子的物质愿望，而忽视孩子的社会性教育，则会造成孩子过分以自我为中心。专家提倡从两岁开始就要鼓励幼儿之间的交往，发展幼儿的交往能力，让孩子喜欢交往，性格开朗，讲文明，懂礼貌。

自我中心人人都有，只是在认识程度和发展速度上存在着个体差异。如果自我倾向过于严重，不仅影响孩子的交往合作能力、自我控制能力，还会使孩子出现心理上的问题，如社会性行为问题、性格和情绪问题等。以自我为中心是每个孩子都要经历的人生阶段，家长需要帮助孩子从"以自我为中心"中摆脱出来，适应集体生活，学会与人交往，与人合作。

3. 家庭不当的教育方式

青少年心理专家指出，现在的幼儿在家受到溺爱，太过于以自我为中心，受不得半点儿委屈，不懂得与人相处时的宽容和忍让，导致他们稍微遇到一点儿外界刺激便发脾气。除此以外，家长对幼儿的错误教育方式也是导致孩子有这种反应的重要原因，一些家长怕孩子在外受气，便告诉孩子"谁打你你就打谁"，这种错误观念的灌输让孩子常常动不动就大打出手。老师问犯错的小朋友为何要打别人时，很多孩子都回答："我妈妈说了，谁欺负我，我就打谁。"

面对此情况，父母可以运用以下方法来减少孩子"以自我为中心"的思想：

1. 转移家庭注意的焦点

这里所说的转移家庭注意的焦点是指父母和祖辈不要把注意力全集中于孩子身上，这样很容易溺爱孩子。而溺爱更强化了孩子的自我中心意识，这样很容易使孩子认为"自己是世界的中心"，其他人理所当然就得围着自己转。如果父母有意识地转移家庭注意的焦点，把孩子视为独立的一个人，视为与其他家庭成员平等的一个人，这样就会使孩子能正确地认识自己，看到别人的存在，弄清楚人与人之间的关系。

2. "冷处理"

当孩子因为不能马上满足需要而大哭大闹时，家长可以"冷处理"，过一段时间后孩子就会自己停止哭闹。这样可以让孩子明白，采取哭闹的方式是达不到目的的，从而慢慢减少他们的任性行为。

3. 运用启发式问答

比如上面我们所提到的事例，孩子说："黄瓜不是绿色的吗？应该叫绿瓜才对。"这时候运用启发式回答更合适。比如说："对呀，黄瓜是绿色的，叫绿瓜才对，妈妈也觉得叫绿瓜才合适。""但我们去菜场买瓜的时候，说绿瓜人家知道是什么吗？冬瓜也是绿的，丝瓜也是绿的，好多瓜都是绿的呀！"

用这种启发式的问答来引导孩子去思考、去探索，让孩子在思考的过程中改变错误的自我思路。当孩子的自我意识得到了缓解，加上父母进行有效引导，把自己思考问题的过程展现给孩子看，如自己想到了哪些方面，在哪里产生了疑惑等，这样孩子就不会再以自我的思路走下去。

4. 让孩子多参加集体活动

过度限制、封闭或是保护孩子也是非常不利的。应该让孩子多参加一些集体活动，在集体活动中，孩子能接触更多的人，体验到与他人合作的意义，从而走出自我的圈子。

小贴士

"中心"是一切事物的核心，"以自我为中心"，是指孩子做任何事都把自己放在首位，做任何事情都从自己的角度出发，完全不顾及别人的想法和情绪。孩子年龄越小，以自我为中心的现象就越严重。但对于孩子，尤其是这个年龄段孩子的这种行为，绝不能将其同成人的这种行为相提并论，因为孩子毕竟是孩子，他需要家长及时地、巧妙地引导。只要父母予以重视，就有可能及时扭转孩子的这种倾向，使其朝着健康的、正确的方向发展。

对"人生"概念理解片面

3～5岁的孩子，还没有什么知识储备，更谈不上有阅历，所以，他们常常会片面理解某些人生概念。在我们中国，"死"是一个被人们所忌讳的字眼，人们都不愿公开谈论，孩子更是忌言。这样一来，在孩子中间就会出现年龄与死亡观不相符的现象，甚至有的成人仍持有很幼稚的死亡观，这就不能不引起我们的注意了。

事例1

有一个3岁的小女孩，养了一只小兔，小兔的眼睛是纯黑色的，特别可爱。小女孩非常喜欢小兔，每天都忘不了给它喂菜叶。可是，有一天小兔不知得了什么病，不吃不喝，很快就死了。面对如此情况，女孩就跑去问妈妈："妈妈，小兔怎么了，它是不是睡着了呀，怎么不起来和我玩？"妈妈当时想也没想就对女儿说："它死了，不是睡着了。"女孩眨着满含泪水的眼睛说："死了，什么是死啊？""这个……就是不在了。"有一天，孩子杯子里的牛奶喝完了，她对妈妈说："妈妈，牛奶也去世了！"妈妈听了哭笑不得。

事例2

佳佳是幼儿园里性格比较内向的女孩，平时不太爱表现，即使发言，声音也很轻。可是这一阵子，佳佳总对妈妈说："妈妈，我不想长大！"妈妈问她为什么，她说："等我长大了，妈妈就会老了，然后死去，我不想让妈妈死！"或说："等我长大就会变老，老了就会死的，我不想死！"有时说着说着眼泪就流出来了，很可怜、很伤感的样子。面对女儿，佳佳妈妈真不知道应该怎样回答孩子提出的问题。

没过几天，幼儿园的小朋友们正午睡，老师帮佳佳脱着衣服，突然她用专注的眼神看着老师问："老师，我长大后会不会死呢？"

老师一愣，一个 5 岁的孩子，怎么会这么想呢？老师感觉心里酸酸的，一下子不知道怎么回答了。

佳佳默默地把头埋进了被子里。

为了让孩子释怀，老师笑着说："才不会呢！我们都不会死！"

"老师，不是这样的，你骗我，我妈妈说，每个人都会死！"说完，佳佳眼圈又红了。

"嗯，对不起佳佳，刚刚老师骗了你，其实我们每个人都会死……因为人体靠很多器官运作来维持，就像一台机器，等到很老或生病的时候，器官开始旧了、坏了，人就会死了！"看到她还是很伤心的样子，老师忙补充了一句，"不过没有关系，你还很小，生命才刚刚开始，以后还很长呀！而且，老师也希望你快快长大，等学到很多本领后，发明一种让人类长大却不死的药呀！"

听到老师这么说，佳佳若有所思地想了想，点了点头。

老师为佳佳擦去了眼泪，给她盖好被子后，轻轻地拍着她入睡……

孩子的心思是细腻的，他们的想法又是天真的。老师知道，对于这样的敏感话题，这样的回答缺乏可信度，也不能完全解开孩子的心结，但在孩子面前，老师却找不出能让孩子听懂并接受的说法。

事因分析

佳佳向妈妈提到关于"死"的问题，不禁让妈妈惊愕，没有教育意识的佳佳妈妈一时不知道该如何回答女儿提出的问题。没过几天，佳佳对老师也提出了同样的问题，这让老师也很意外，但老师站在尊重孩子、了解孩子的基础上，给了孩子一个满意的回答："死"是自然界的规律，就如花开花谢。

日常生活中，我们没必要在孩子面前刻意回避"死亡"这个话题。碰到此类问题，作为孩子的父母，首先要泰然处之，在回答问题时，可通过转移孩子的注意力；也可间接、巧妙地向他们解释；必要时也可以直接回答。这些都是孩子应该了解的，只有让孩子知道了、懂得了，才能更进一步地正确引导孩子，让孩子用一颗明朗的心对待生活中的每一件事……

针对上述事例，父母可采取以下具体措施：

1. 首先要了解孩子真正想说的话。当孩子问"人为什么会死？""死了会到哪里去？""他会不会变成鬼？"的时候，他的心里既迷惑又恐惧，他害怕自己会死，害怕人死后会变成鬼来抓自己。在孩子已经有了对死亡的恐惧时，家长通常可以这样回答：

女儿眨着含泪的眼问："死了，什么是死啊？它不能活过来吗？"

"不能，而且也没有人能做到。"用肯定的语气告诉她。

"我将来也会死吗？"女儿试探性地问。

"对啊，这是很自然的事，就像花开花谢，不是吗？"

"为什么人都会死呢？"

"我也不明白，有很多科学家正在努力寻找答案。"

"那我会不会很快死掉？"女儿很不放心。

"不会的，小孩子通常不会很快死掉。"

女儿终于放下心来，笑了。

2. 用心亲近孩子。对家长来说，要做到有意识地用"心"亲近孩子，力求和孩子多聊天，一个眼神，一个微笑，以朋友间亲切、平等、友爱的气氛来引导孩子适应生活，感受集体活动的快乐。

3. 培养孩子多方面的兴趣爱好，引导孩子积极参加一些有益的活动，以转移她对"死"的过分关注，逐步消除她对"死亡"的心理障碍。

4. 省略恐怖情节。千万不要描述尸体的模样，也不要吓唬孩子说人死后会变成厉鬼、僵尸之类。这些会让小孩子胡思乱想，让她害怕，甚至可能产生精神方面的疾病。只要简简单单地告诉孩子，死亡是失去所有的知觉就行了。

5. 家长应多带孩子走出去接触更多的人，鼓励其在群体面前大胆地表现。在开放性的教育中，培养孩子活泼、乐观、自信等健全的人格。

6. 用孩子能听懂的语言交谈。和小孩子讨论死亡问题时，应该尽量用孩子能听懂的话。孩子的理解力有限，尽量不要用一些科学术语来解释死亡，那样会使孩子更糊涂。

7. 别害怕说实话。在 3 ～ 5 岁幼儿的心目中，死亡是一种分离，一种旅行，甚至就是睡大觉，所以他们认为死了的人可以想回来就回来。所以不要用"睡大觉""升天""上天堂"等字眼来描述死亡，小孩子可能会把死亡和睡眠联系在一起，从而害怕睡觉。把死亡说成去"极乐世界"就更糟，有的孩子不理解会导致悲剧，他们会用自寻死路来探究一番。

　　因此，对幼儿解释死亡时要明确地告诉他："人如果死了，就再也不会回来。"

小贴士

　　随着我国的教育观念不断更新，教育行为不断改善，家长以及老师已有意识地通过积极的互动来提高幼儿教育的有效性。但在这个过程中，我们最容易忽视的问题就是与幼儿积极、有效地交流情感，正是由于这一情感问题被忽视，才使得幼儿教育显得消极和被动。

　　所以，在幼儿教育的各个环节中，家长与老师应该积极配合，要善于从日常的生活与活动中捕捉幼儿感兴趣的问题，对于那些让人为难的问题，及时为他们解答。只有这样，我们才能在尊重孩子的基础上，引导孩子健康成长。

用"不"与父母对抗

　　3～5岁是孩子心理发展的重要阶段。这个阶段的孩子都会有不听话的时候，心理学家把这一时期称为"第一反抗期"。"第一反抗期"是儿童心理迅速发展、自立、成熟的表现。处在这个时期的孩子，常常使用"不"字来对付一切问题。其实，他们自己也并不一定知道自己究竟想要做些什么，他们只是响应心底的呼唤，想以"不"来和父母对抗。而这个时候，也正是培养孩子自信和独立性的大好时机。

　　有位专家做过这样的研究：将3～5岁的幼儿分成两组，一组反抗性较强，另一组反抗性较弱。结果发现，反抗性较强的幼儿中，有80%长大以后独立判断能力较强；反抗性较弱的幼儿中，只有24%长大以后能够自我行事，但是独立判断事情的能力仍比较弱，常常依赖他人。

专家对此得出结论：第一反抗期的孩子已经有独立的想法，这是他发展判断力和独立自主的好时机，应该得到父母的重视。如要求孩子事事听话，反而会阻碍孩子判断力的发展。

对这个年龄段的孩子来说，反抗不是什么大毛病，更不是坏毛病。做家长的要突破传统的"听话"束缚，勇于接受孩子的想法，甚至容许他对你说"不"。不要觉得孩子不听话就是"不懂事""大逆不道"，孩子的反抗并不是反叛，这只是他表现自我的方式之一，家长应该虚心接受孩子的想法，而不是当个高高在上的权威者。

事例 1

王女士有一个可爱的宝宝，现在刚满 3 岁。但是，令王女士苦恼的是，这段时间以来，不管要宝宝做什么，宝宝总说"不"。王女士还说："当我给他平时他最爱吃的香蕉时，他竟然会把香蕉扔到一边，嘴里嘟囔着'不吃，就不吃'。"到了该洗澡的时间，他更是一溜烟就跑了，同时尖叫着"不"。更叫人无法理解的是，他甚至在别人向他问好时回应"不好"。他们实在不敢想象原本那个可爱的小宝宝竟会变得如此叛逆。

事例 2

一天，张先生 4 岁的女儿正在玩新买的洋娃娃，这时嫂子领着她的孩子小佳过来了。小佳看见小妹妹的洋娃娃后露出渴望的眼神，但张先生的女儿玩得正在兴头上，没有让小佳一起玩的意思。张先生在旁边看到后有点儿生气，觉得女儿不懂事，于是冲她说："把洋娃娃给姐姐玩一会儿！"没想到一向听话的女儿竟毫不理会张先生的话，继续一个人玩她的洋娃娃。张先生生气地说："听到没有，给姐姐玩一会儿。"张先生的声音显然吓着了女儿，她一边把玩具朝身边藏，一边哭着说："不，不，我不嘛……"

事因分析

教育专家指出：小孩子长到 3 岁左右时，常常会用"我""我的""我要"来表达自己的意愿，当大人让他干什么时，他会说出"不""不要"等词语，事实上，当孩子说"不"时，他更多的是带有玩耍的意味，而不是所谓的叛逆或脾气不好，更不想与家长对着干。孩子的这种"逆反"行为是自我发展中表现出来的一个正常现象，不同性格的孩子表现也各不相同。而这个时候的家长应该注意自己的教育方式，具体方法如下：

1. 提供有限的选择机会。要让一个刚学习走路的孩子有自己做决定的机会，但太多的选择只会让孩子无所适从。例如，你的孩子拒绝洗脸，这时你就可以给他提供两个选择方案："你自己来洗好不好？"或者是"妈妈帮你把脸洗干净，然后就可以出去玩啦！"

2. 以身作则。众所周知，3岁的孩子是最善于模仿的，而所有孩子口中的"不"都是从父母那里学来的。所以，作为孩子第一任老师的家长，平时要尽量避免说"不"，如果孩子很少听到你说"不"，他自己也就不会总是提起它了。其次，应该尽量使用比较丰富的语言，在表达反对的意愿时多使用正面的语言，比如"不要爬那么高"可以用"那里太危险"代替。

3. 保持冷静，让他从"不"变成"是"。提高嗓门、恐吓或请求一般都很难改变孩子的意愿。实际上，愤怒的反应只会更加刺激孩子，使其做出更偏激的行为。所以，要避免激化他的情绪，相反，父母可以采用分散注意力的方法，使他忘记当前所发生的事情。

4. 坚定立场。如果你一定要孩子做某件他不情愿接受的事情，你应该向他解释，比如告诉他："你应该戴上帽子，这样就不会被晒伤了。"然后明确告诉他戴与不戴的结果："如果你戴帽子，我们就可以在公园里玩；如果你不戴，我们就只好回家了。"你可以给予警告，但必须说到做到，这样可以让孩子领悟到即使是试探也是有底线的。在孩子配合的时候，记得要夸奖他，你的鼓励和耐心对他的影响将是长远的。

5. 不要用成人的思维方式来教育孩子。就如上述洋娃娃的事例，张先生以成人的标准来要求女儿，觉得她不懂事，采用了命令的语气逼女儿让出自己心爱的洋娃娃，结果遭到了女儿的反对。如果张先生采用温和的态度抓住女儿的心理来劝解女儿，说不定女儿就会乖乖地把玩具给了姐姐。由此看来，当孩子拒绝父母的要求时，父母不要忙于表明自己的态度和主张，不妨先了解一下孩子的反对是否有道理，然后用平等的、商量的语气和孩子交谈。这样，说不定会得到意外的收获。

面对孩子的反抗和任性时有两种做法不可取：

1. 采取高压手段

宝宝说"不"的时候，父母会觉得自己的威信受到了挑战，或者感觉很不耐烦，从而采取高压手段让孩子屈服，结果往往适得其反。如果经常采取高压手段，不仅不能收到良好的效果，反而会降低孩子的判断力，因为情绪垃圾无法排解，孩子又找不到合适的宣泄途径从而对心理造成伤害。

2. 溺爱和纵容

父母都是深爱着孩子的，且明白要尊重孩子，很难在爱与原则之间找到平衡点，因此往往会对孩子溺爱，因为不忍心看见孩子哭而每次都甘拜下风，对孩子百依百顺。

小贴士

当孩子长到3～5岁时，由于其身体的原因和好奇心的驱使，不可避免地会出现"反抗期"。反抗期是孩子心理发展的一个必经阶段，也是孩子独立意识十分强烈的一个阶段。这一时期孩子所表现出来的强烈的反抗意识，只是孩子表达自我独立的一种方式，并不是有意识地与父母对着干。家长要明白这一点，不应过多强调孩子要听话。有的家长在孩子不听话时，就用暴力恐吓，把孩子的自我意识强行压制回去，这样往往容易导致两种后果：一是造成孩子对任何事情都不去思考，没有判断力，这对孩子的成长很不利；二是如果事事都要孩子逆来顺受，会限制孩子独立性、自主性的发展，使孩子不愿与大人交流，自我封闭，慢慢变得孤僻、不合群，甚至形成逆反心理。无论是哪一种，都不利于孩子个性的发展。

可见，当孩子不听话时，大人应从孩子的立场出发，设身处地地思考一下：孩子为什么不听自己的话？自己的话孩子是否一定要听？若确实需要，也尽量选择一种能够让孩子乐于接受的表达方式。

喜欢表现自我

孩子到了心理反抗期，平时很听话，但只要家里来了客人就会表现得异常活跃，甚至调皮捣蛋或搞恶作剧。很多家长不理解孩子的这种表现，常常感到很苦恼。其实，这只是孩子在生人面前想要显示自己的存在，而表现出的一种"叛逆"行为。

弗洛伊德认为，此乃人类自我表现欲的无端彰显。人由于种种原因受到轻视甚至漠视时，就会千方百计寻找机会表现自我，以引起人们对自己的重视和青睐。这个机会自然以来了外人（生人、客人，直至长辈或上司）为最佳。这种表现由于出自本能和潜意识，所以显得既执拗任性，又率真可爱，有时甚至达到张狂和令人厌恶的程度。

事例 1

兵兵在父母眼中一向是个听话的孩子，但是，家里一有客人来访，兵兵就变得异常活跃、顽皮，不时地大喊大叫，表现得非常淘气，还不断地展示自己的"拳脚功夫"，甚至硬拉着客人和自己比画两下，有一次竟然把客人的衣服扣子都扯了下来。

爸爸、妈妈并不是没有说过他，只是这孩子疯起来，把父母的话也当成了耳旁风，你越是不让他干的事，他越是干得起劲。客人也不好意思发火，有时父母的面子实在挂不住了，就把兵兵拉到一边大揍一顿，弄得大家都很尴尬。可下次家中来客人时，兵兵的表现依然如故。

事例 2

红红平时是一个不爱说话的孩子，也不爱疯玩，很乖。但一旦家里来了人，或到了人多的地方，她就一反常态，哭闹得天昏地暗，任凭怎么哄也无济于事。到了四五岁，这种情形尤显张扬。只要家里一来人，或亲或疏，或丑或美，她都要和弟弟故意在人面前跑来跑去，像个疯丫头，自然偶尔也乘机向母亲提出一些无理要求。

事因分析

孩子这种刻意地表现自我并不是没有缘由的，究其原因，主要是由某种心理需要引起的。有的孩子表现欲过强，总想引起别人注意；有的孩子缺少玩伴，生活单调，只好用"人来疯"发泄精力；有的孩子用"人来疯"达到满足情感或物质需要的目的……

所以，对孩子的这种现象，家长们也不必太过担忧，想要矫正，必先研究原因，然后对症下药。研究表明，孩子喜欢自我表现的原因主要有以下几点：

1. 孩子的交往需要得不到满足

有些孩子是独生子女，没有姐妹兄弟的陪伴，再加上父母常会为了工作而忽略孩子的交际，导致孩子永远处在家里、家人、玩具或者电视这个狭小的范围，使孩子觉得非常孤独。当家中来客人时，他们就感到好奇、兴奋，希望别人注意到自己，和他们做朋友。

如果主客交谈而不理睬孩子，孩子会觉得被冷落，便有意识地做出一些偏常行为，以期得到大人的关注。当他们发现大人开始注意自己时，便想尽办法表现自己，以便得到客人和家人的夸奖。

2. 进入幼儿期后，儿童的自控能力在逐渐增强

总体来说，幼儿的自控能力只是刚刚开始发展，他们还常常不能很好地控制自己，行动带有很强的冲动性，且自控行为会随着情景而变化，时好时差。家中有客人时，客人往往会夸奖孩子或与之嬉戏，此时，家长又显得比较宽容，大多不太愿意当着客人的面训斥打骂孩子。孩子察觉到这种变化，便会利用这种机会来解放自己，放纵自己。

3. 家长的溺爱或过度严厉

孩子是家中的宝贝，父母、祖辈对孩子都特别宠爱，不管孩子的要求是否合理，都会尽量满足，这使得孩子加剧"自我中心"意识，变得异常自私、任性，甚至在客人面前对父母的话置若罔闻，无理取闹。还有些家庭对孩子期望过高、管束过严，限制孩子玩耍的时间，当有客人在场时，家长的注意力更多地集中在待客上，孩子则会抓住时机彻底解放自己，满足自己好玩的

天性。

面对如此情况，父母可以采取以下措施：

1. 为孩子多创造与外界接触的机会，增加孩子的交际范围，如经常带孩子到朋友家、亲戚家串门，或多邀请邻居、朋友到家中做客，或经常带孩子去附近的公园、游乐场，总之去有小孩子聚集的地方玩耍，以减少孩子看见生人时的新鲜感。在有生人的场合，应主动把孩子介绍给别人认识，这样可以使孩子不觉得受到冷落，大人们交谈或活动，如果不需孩子回避，可让其参加。

2. 幼儿的自控能力是有限的，而表现欲则是强烈的，身为孩子的父母一定要多了解孩子的身心发展特点。在接待客人或去别人家做客时，不要忽视孩子的存在，要让他积极参与你们的活动，适时地为孩子提供表现的机会，如"给小朋友拿糖果""教小朋友……"让孩子感受到自己的存在是被人欢迎的。他如果说了不合适的话，也不要立即训斥，以免伤了孩子的自尊心。如孩子已有不听话的"叛逆"表现，家长不要立即表现出强烈反应，先转移话题，过后再教育。中国有句古话："其身正，不令而行；其身不正，虽令不行。"这就告诉我们，在孩子幼小的心灵里，父母的每一句话、每一个动作对他们都会产生很大影响。因此，家长在与孩子的相处中要谨言慎行。因为，您的孩子有一双明亮的眼睛和灵敏的耳朵以及一颗好奇求知的心。对他的错误行为进行批评教育时，要让他有所认识，务必要让他心服口服，这样才有利于孩子树立正确的是非观念。

3. 父母和长辈对待孩子的要求应一致，而且这些基本要求不应随情景的变化而改变，因为幼儿的自控行为往往因人、因场合而异。具有一致性和一贯性的合理的行为规则有助于孩子自控能力的提高。另外，父母还可以灌输一些评价自己行为好坏的信息，让他有足够的自我控制能力，如引导孩子将自己的行为与其他人进行比较，逐渐加强他们对自己行为的内部调节。

4. 多了解自己孩子的身心发展特点，改变溺爱或过度严厉的教养方式，逐渐积累适宜的教育方法，在营造和谐家庭氛围的前提下，多与孩子进行沟通，用自身的言行为孩子树立日常生活的榜样，让孩子愉快地度过童年。

小贴士

有些家长总是为孩子的自我表现而苦恼，其实家长应该换个角度来思考：孩子精力旺盛，和小伙伴一起玩耍、逗闹，能使精力得到正常发泄，还培养了交往能力；另外，孩子有表现欲也不是坏事，这为他以后的道路做了很好的铺垫，只要适当地加以引导、教育，对孩子的成长只会带来好处，没有坏处。

性格腼腆的原因

有的孩子因性格内向而不愿与人接触，见了生人尤其不爱说话，在大庭广众之下还会显得手足无措，这种种表现是典型的性格腼腆。有的家长认识不到，过于腼腆是对儿童个性发展的一种破坏，潜意识地认为腼腆是很正常的事，过分活跃才是没教养、不谨慎，其实腼腆和谨慎是完全不同的两回事。如果说谨慎是一种良好品质，那么腼腆就是一种心理缺陷，时间长了，孩子就会缺乏自信心。

事例 1

陈女士的女儿刚满 3 岁，宝宝各个方面的发育都很好，能唱很多儿歌，还能背上几首诗词，并且能讲好几个故事。

可是陈女士说："这一切都只在家里才能做，一到了外面，别说让她唱歌或讲故事，就是连话也不敢说，走到哪里总是喜欢跟着我。如果让她自己和小朋友玩，她会往我身后躲。开始我们以为是带她出去和别人交流的机会不够多，她怕生，但是我们努力了这么长时间，却看不到什么效果。真让人伤脑筋，我们该怎么办？照这样下去，孩子上了幼儿园怎么能融入小朋友中去呢？"

事例2

张先生的儿子不到4岁，聪明、可爱。上幼儿园也有1年了，但是他在幼儿园从不表现自己，也不主动找小朋友们玩。有时带他去亲戚、朋友家，或是家中的客人很多，他总是黏着爸爸、妈妈，不去主动与大家打招呼。为此，张先生夫妇真是头痛，怎样才能让孩子改变这种腼腆的行为，让孩子变得大方些呢？

事因分析

　　腼腆孩子的外在表现是：不敢见生人，喜欢独来独往，不愿与人接触，见了生人就往大人身后躲，不愿引起别人的注意。有时，腼腆者还会走向另一个极端。曾有个小男孩，不管有没有人听，一天到晚说个不停，一刻不说话就会和其他小朋友打架。父母带他到医院检查，才发现原来是孩子的"腼腆"在捣鬼，他的攻击行为不过是一种掩饰。那么，孩子为什么会腼腆呢？下面我们来分析一下原因：

　　1. 遗传原因

　　如果父母本身个性内向，那么孩子就容易出现害羞、怕生的个性。

　　2. 孩子与外界互动机会少

　　现代家庭子女多为一两个，无形之中减少了孩子与同伴玩耍的机会。再加上有许多父母在孩子小时，样样事情都帮孩子安排好，事事为他代劳，他们以为在如此环境下成长的孩子是最幸福的，却不知孩子在成长过程中，很难有和大人或者小朋友接触的机会，从而有严重害羞、怕生的倾向。

　　如果您的孩子很害羞，那么您应该反省一下，在平时的生活中是不是给了孩子太多的保护？过多的保护和代劳只会束缚住孩子的手脚，时间长了，孩子就变得不爱探索新事物了。

3. 不安全感作祟

孩子在小时候会对父母产生强烈的依赖感。如果此时不注意正确引导，容易使孩子对他人产生畏缩、不信任感，并间接影响孩子日后与人相处的关系。

4. 父母教养态度

父母忙于工作，没时间陪伴孩子，和孩子缺少联系，或讨厌孩子吵闹、怕孩子一直跑来问问题，从而让孩子通过看电视、看漫画书等打发时间。当孩子有吵闹行为时，就怒斥："不安静就要挨打。"孩子有问题来问父母时，不是被奚落一顿，就是要他离开，孩子一再被拒绝，造成日后遇事害羞、怕生的情结，这是很多父母没想到的结果。

5. 缺乏自信心

孩子本身沟通或接触社会的技巧不佳，导致孩子缺乏表现自我的信心，而选择以退缩及逃避的行为来掩饰自己的缺点。

6. 个性差异

每个孩子的个性、气质都不相同，有的内向、害羞、退缩，有的则活泼、大方。如果孩子生性内向、害羞或胆小，必然比较容易怕生。

斯坦福大学心理学家菲力普·津巴多说："如果一个人小时候腼腆而父母却漠不关心，那么，这种状况就可能持续终身。"因此，孩子内向不是错，但家长若不及时给予引导，则可能给孩子长大后的性格造成缺陷。所以，对于腼腆的孩子，父母在平时就应该有意识地对其进行锻炼，逐步使其向着大方、开朗的方向发展，具体方法如下：

1. 要千方百计增加孩子的自信心

父母要认识到，腼腆的孩子实际上并不比别的孩子笨，他们只是不愿表达，不敢去做，怕做得不好，被别人笑话，被大人责骂。因此，家长可以让孩子从简单的事情开始做起，设法吸引他们参加并能独立完成。孩子有了成绩，一定要给予表扬，来自成功的满足和来自表扬的欢乐，对孩子都是一种支持。

2. 要逐渐扩大孩子交往的范围

尽可能为孩子提供与同龄伙伴交往的机会，尤其是独生子女更要注意多和别的小朋友接触，家长应注意教给孩子一些必要的交往技巧。当然，如果孩子过于腼腆就不要贸然让他去参加社交活动，也不要用强制的办法逼他去和别的孩子玩，更不要总是用"你太胆小"等话去责备他，而应该先让他逐渐适应，并鼓励他和那些好交际、活跃的伙伴一起玩或参加集体活动，有别人带着，腼腆的孩子就不容易感到拘束，而且还能掌握一些具体场合下所必需的交际方法。

3. 不要过多指责

腼腆本来就是因为孩子自卑，没有信心造成的，对于这样的孩子，不管在什么情况下，都应该给予鼓励。一位母亲关切地问5岁的女儿，腼腆是什么滋味？她答："就像被咒语镇住了，手脚都发僵。"她母亲说："我们坚信不管它多么严重，在我们的帮助下你都能克服！"女孩听到这种鼓励后说道："就像童话里白马王子来到身边，魔咒被解除了！"

4. 家长不要常说"这孩子就爱害羞"，尤其在人多的时候，这会加重孩子腼腆的心理，不敢向别人表现自我。

腼腆的孩子对自己的缺点也很厌恶，家长对他们要抱有同情心，要努力找出他们的闪光点进行鼓励，而不要责备他们。家长可让孩子随意给别人打电话，心理学家认为这是一种训练孩子不害羞的好方法。或者多邀请一些小朋友到家里来玩，让孩子在小伙伴们面前多发表一点自己的见解，对孩子做得正确的地方家长要多加表扬。另外，还要鼓励孩子多参加学校组织的活动，培养他们的集体观念和勇敢精神。

5. 提高自我评价

腼腆的孩子往往自我感觉差，在社会活动中有一种"被抛弃"感。因此，父母要帮助他们发现自己的长处，而后创造条件让孩子发挥自己的长处，使其提高对自己的评价。

6. 抓住时机，因势利导

游戏是孩子的基本活动，也最能发挥孩子的主动性。因此，在培养孩子大胆讲话时，还要帮孩子创造轻松愉快的心境，从而发挥孩子的最大潜能。当幼儿玩得最开心、最尽兴时，性格腼腆的心理障碍就会被游戏的喜悦而冲淡，这时候引导孩子大胆地讲话就是一个大好时机。

7. 进行"角色"演练

腼腆孩子常常诉苦："我从不知道该说什么！"通过预先排练在不同交际场合怎样说话，就能有效地帮他打破这层"坚冰"。可以写出建议的"开场白"，甚至把"正文"也列个提纲，要求他在镜子前反复练习。

8. 要有意识地培养孩子大胆讲话的能力

在培养孩子大胆讲话的能力时，父母可以采取积极的暗示方法。通过暗示，激发他的情感，使他感受到大家都喜欢他、爱他，对他抱有信心。也许一开始，孩子出于羞怯心理，自信心不强，可能会对家长的话不作反应。这时候，一定不能逼迫他说话，也不能因此而放弃，要顺其自然，耐心地等待，当他听大人说话的时间长了，就自然会模仿父母而作出反应。

9. 细心观察、倾听

有位心理学家到一所小学听课调查，老师告诉他，每个班"只有一两个腼腆学生"，但这位心理学家看出腼腆的孩子远远不止这个数。

曾有调查结果表明：5个小学生中就有两个腼腆的孩子，程度因年龄不同而略有差别。至于在初中，约50％的男生和60％的女生都是腼腆的。

但父母和教师往往看不出来，因为这些孩子常以课堂讨论不发言、课外活动当观众、平时大家都笑了他才笑等方式把自己这种特点掩饰起来。美国心理学家菲利普·津巴多说："腼腆者竭力把自己变成贴墙纸，使人觉察不到他们的存在。"

10. 寻找校方帮助

学校常常是孩子最先表现出腼腆的地方，也是纠正这种腼腆的重要阵地。然而，老师们很可能因忙于应付那些"调皮鬼"而忽略沉默内向的孩子。因此，父母要主动争取帮助，把孩子拉出自我封闭的圈子。例如，请老师设法让你的孩子尽量轻松地参与讨论问题，告诉老师孩子的特殊兴趣，请老师对他的书面作业给予特别注意——在这个领域里，腼腆不会构成障碍。

总之，对待腼腆的孩子，父母和老师要多关心，多鼓励，并为之创造宽松的环境和条件，使孩子产生良好的心境。只有这样，才能发挥孩子自身的潜能和主动性。

小贴士

腼腆的孩子从心里感觉自己不如别人，作为父母应该鼓励他们走向交际圈和同龄人，做一些他们喜欢的事情；不要过多地打骂孩子，而是要用心与他交流，并时常用鼓励和信任的眼光看着他们，让他从心里觉得自己不比别人差，别人能做到的，自己也能做到，由此帮助他们一步步摆脱害羞的泥淖，走向健康的人生。

以"哭"的方式进行要挟

3～5岁的孩子爱哭泣，除了有病外，还有其他原因。一般说来，这个阶段的孩子好哭，不只是单一的哭泣，而是一种哭诉。哭诉是指向别人倾吐自己心里的委屈、不满。在成年人的眼里，孩子们应该是最幸福、最快乐、最无忧无虑的了。他们一天当中每时每刻都在玩，不必为衣食住行发愁，不必为生存和生活而奔波。其实，大人们不知道小孩子们每天也要承受很多的失望和委屈。

事例 1

马上就要过年了，这天，小娇的妈妈带着宝贝女儿到商场购物。当她们走到一个可爱的小狗玩具旁，小娇指着小狗对妈妈说："妈咪，你看，小狗狗好漂亮！"妈妈没有任何反应。小娇又说道："妈咪，小狗狗好漂亮，可以买给我吗？"小娇妈妈知道，女儿想要这只小狗，她说道："娇娇不是已经有了两只小熊了吗？娇娇的小熊比这小狗狗漂亮多了！"在遭到拒绝后，娇娇带着哭腔说："可是，我还没有小狗狗呀，我想要这只狗狗！"

娇娇的妈妈有时真后悔给女儿起了这样一个小名，因为她3岁的女儿的确很"娇气"：稍不如意就委屈地落泪，要求没满足，她就马上带着哭腔，弄得爸爸、妈妈常常没好气地训斥她："你好好说话行不行？别总是哭哭啼啼的。"

事例 2

郭女士的女儿晴晴5岁了，特别爱哭。遇见不会做的事情，郭女士想鼓励她做，她只会哭起来。晴晴爱跳舞，郭女士就让她去学习。可是老师叫她跳没学会的舞步，她也哭。郭女士问她："还跳不跳，如果不感兴趣，就不打算强迫你再学下去了。"但晴晴很坚决地说："要跳。"郭女士感觉自己的教育方法没什么错，她既没有经常批评晴晴，也没有强迫孩子去做什么，但孩子总是哭，她真不知道怎么办才好。

事因分析

看了以上事例，或许大家会认为这些孩子确实够"娇气"。其实不然，如果家长能够多了解孩子的内心就会发现，不仅她们如此，很多孩子都是这样，就连男孩儿也不例外，这不过是处于这个关键时期的孩子的特性罢了。

孩子大概从两岁开始，一旦要求得不到满足，就会出现哭哭啼啼的现象。孩子的这种表现常常让父母无法忍受，他们会训斥道："好好说话！"但是这话似乎对孩子起不到什么作用。

这个时候家长们不免会问："为什么他们变得这么'娇气'？什么时候孩子才能不这样哭哭啼啼地向父母提出请求呢？"

专家指出，孩子爱哭主要有以下几个原因：

1. 父母下意识地鼓励哭。比如孩子膝盖上擦破了一个小口子，父母过于担心、焦急的样子让孩子看到就想哭；又比如孩子对什么事不满意或因为得不到某些东西而哭，父母就想尽办法让他不哭，满足他的所有要求。曾经有过一个心理学实验，要求幼儿等待 15 分钟，如果成功就能拿到好吃的糖果，否则，只能得到不好吃的糖果。结果，幼儿的表现依实验条件不同而变化：糖果不在眼前时，幼儿坚持等待的时间最长；有一种糖果（好吃的或不好吃的）在眼前时，幼儿能等待的时间减半；两种糖果都在眼前时，幼儿能等待的时间最短。这个实验说明：幼儿对眼前的诱惑物不易抵制，自制力比较弱。

对策：作为家长，一定要有意识地在平日里训练孩子的延迟满足能力，从一件件小事做起，不要让孩子觉得，只要是我想要的，爸妈都会立刻满足，形成一种要风得风、要雨得雨的感觉。这样当孩子偶尔不能如愿的时候，就容易大发雷霆。除此之外，家长还要注意自身的言行。家长的言行是孩子行为的一面镜子。

家长千万不要助长孩子的哭。面对孩子的哭，既不要奖励，也不要惩罚，要以中性态度去对待。不过，在孩子情绪过分激动时，可以和他玩一些消遣性的游戏，分散其注意力，或者给予一点亲切的安慰。但是，不要给予太过分的同情，否则会给孩子的哭添加"动力"。

2. 由于受忽视而乱发脾气。比如，孩子想妈妈了，而妈妈加班还未回家，孩子委屈得不得了，乱扔东西，怎么劝都不行。

对策：对于这样的孩子，要安抚他们并转移注意力。孩子越小，情绪越不稳定，注意力也越容易转移。当发生不愉快时，要采用活动转移法，让他们通过游戏活动或体育活动来宣泄内心的紧张。比如，针对孩子想妈妈这一情况，这时，家里人可以有意识地提起孩子平时最感兴趣的一件事，转移孩子的注意力。例如，给孩子讲个爱听的、好玩的故事，或者带孩子去玩最喜爱的荡秋千游戏，等等。一定要从爱心出发，从感情上安抚他，哄劝孩子不哭，要有耐心，千万不要训斥指责，更不能动怒打骂。否则，孩子的脾气只会愈演愈烈。

3. 由于不被理解而发脾气。有时候当孩子喋喋不休地向家长讲述某件趣事时，家长们却常因忙于自己的事情，只是漫不经心地点点头或哼哼两声，这样孩子就会因不被重视而哭泣。

对策：3岁以上的孩子已经有了自己的思想，对某一件事也有了自己的看法，家长一定要给孩子提供充分表达内心想法的机会，帮助（或引导）孩子把号哭变成语言。家长不妨暂时放下手中的事务，以专注的神情倾听孩子的话语，以欣赏的态度理解孩子的话语，并饶有兴趣地和孩子聊一聊、说一说，教他在遇到困难或不顺心的事时，把自己的想法说出来，从而家长可以更好地理解他的想法和要求，并有针对性地替他解决，这样对孩子将会是莫大的支持和鼓励。

如此看来，孩子们生活的每一天都要面对很多的挫折和失望。总是受挫，他们就难免抱怨，会啼哭，或者大声喊叫，这是他们在发泄自己的情绪。因此，家长需要注意以下几点：

1. 内心的各种感受是孩子们自我意识形成中的一个重要部分。孩子们在 5 岁之前，正是形成"我是谁"这样一个概念的时期，他们会发现自己有不同的感受。即使孩子的行为让人难以接受和容忍，父母也应该让孩子知道他的感受是健康正常的，这一点对于孩子的健康成长非常重要。

2. 孩子对自己表达感受的方式并不了解。孩子们天生就能够对不同事物有自己的感受，但是他们并不知道这些感受是由什么引起的，它叫什么，会持续多久，他们应该怎样去处理和表达这种感受，也不知道他们这种感受将给大人们带来什么反应或者什么烦恼。因此，成年人要帮助孩子们对自己的感受有进一步的认识。

3. 哭诉是孩子们成长阶段的一个必然现象。年轻的父母应该知道，这个时期，大多数孩子都会出现这种现象。当孩子们已经知道他们提出的要求肯定会被拒绝的时候，他们常常会带着哭腔说话，还不时地哽咽，此时好像只有带着哭腔说话才能最恰当地表达心里的情感，而这也是他们表达感受、渴望得到的方法。

4. 孩子们向父母哭诉是因为他们除了这种表达方式以外，不知道还能用什么方式来表达自己此刻的心情。孩子向父母要求买什么东西，而父母却说"不"，明明自己仍然非常渴望得到这件东西，却不知道该如何表达这种渴望的情感，他就会选择带着哭腔向父母诉说自己的不满。

5. 对于孩子的哭诉，父母要学会忍受。孩子说话带着哭腔是一种普遍现象，也是一种最让父母不能忍受的表达方式。在成年人的眼里，孩子这样哭哭啼啼抱怨的背后是在向大人们传达另外一个信息："我要求的你必须答应，不答应就是不行！"但如果父母了解到孩子们还不会用其他的方式来表达他们的感受，而且即使自己不答应也没什么时，对孩子的哭哭啼啼也就不会如此在意，认为无法忍受了。

6. 面对孩子提出的那个让自己不能接受的请求时，你要清楚地告诉他你的决定。当孩子提出的那一瞬间，最希望听到的就是你坚定的答案，就是希望听到你清楚地告诉他，你不会改变主意了。如果你知道自己肯定不会改变决定，那么就告诉你的孩子："我知道你很失望，但是现在我不会改变主意的，如果你想再哭一会儿，你就再哭一会儿。"过几分钟，你再看看他怎么样了。

7. 寻找一种能满足两个人需求的方式，来回应孩子的哭诉。也就是说，你要让你的孩子知道，当他哭着提出请求时其他人的反应会是什么样的，你应该帮助孩子学会使用大家能够接受的方式表达他的情感。同时要让孩子知道你关心他，也很关心他的各种感受。当孩子哭着请求你给他买什么东西的时候，你可以告诉他："我知道你因为得不到那个东西而难过，但是，你哭着和我说话，会让我非常不想听……"

8. 耐心等待时间的磨炼。孩子们的行为随着年龄的增长，会一天天磨炼成熟，不可能指望他们一下子就去改变自己从而达到家长的要求。他们需要多次实践，反复听取父母的教导。虽然孩子们不会马上结束哭诉的行为，但是，在他们不断实践的这段时间里，将学会使用其他的方式来表达他们的感受。

小贴士

在我们的生活中，父母是孩子的主宰者；在孩子的眼里，世界是由大人做主的。父母可以决定孩子什么时候吃什么，什么时候该睡，什么时间才能玩。但是，父母绝对不能决定孩子应该有什么样的感受和反应。孩子的感受和情绪是由他自己控制的，意识到这一点对大人和孩子都同样重要。

　　尽管孩子的哭诉让人难以忍受，但是父母应该认识到：孩子们抱怨、哭泣是因为他们受到了挫折，感到了失望。孩子的哭诉其实是他们释放自己情绪的正常反应。

经常"偷"东西

　　为培养孩子合群的性格，父母们可真是费了不少心，上街带着孩子一起去；走亲访友带着孩子一起去；平时没事的时候也常常带孩子去别人家玩。玩得倒是挺开心的，就是有一点不好：有的孩子到别人家后，见到自己喜欢的东西，就会把它"偷"回家。面对这种情况，父母们可是大伤脑筋。事实上，对于幼儿，这种行为既谈不上"偷"，也不是大人所理解的"拿"，这只是幼儿在这个年龄段一种特殊的心理反应。

　　事例 1

　　　　程程已经三岁两个月了，这天，妈妈带他到小伙伴军军家玩。军军的奶奶看到程程来非常高兴，就拿了两个玩具小车给他们玩。程程见了爱不释手，玩了一会儿，妈妈让他回家，程程顺手就将那个火柴盒大的小车装进了自己的口袋里。

回到家，程程对妈妈炫耀说："妈妈，车车！"

妈妈说："这不是军军家的小车吗，你怎么拿回家了？"

程程小声说："我想玩。"

妈妈告诉程程说："这个车是别人的，你不能随便拿。"

程程妈妈走到他身边，想带他一起去还车，程程挣扎着死活不去，但程程妈妈还是把他抱出去了。

妈妈抱着程程边走边说："宝宝乖，这是军军的小车，你们是好朋友，这个车你可以玩，不过不能拿回家。"

到了军军家，程程还是不肯把车子还给小伙伴，这时军军奶奶说："别让孩子哭了，这个车就让孩子拿回去玩会儿吧，军军这里还有一个小车玩着……"

程程妈妈说："这可不行，不能让孩子养成这种坏习惯！"她强行夺下程程手中的车，把它还给了军军。

事例 2

　　3 岁多的小蝉是个聪明可爱的孩子，近来常带玩具回家，妈妈问他玩具是从哪儿来的，小蝉就说是小朋友送的，小蝉妈妈也没在意。过了几天，妈妈去接他时，幼儿园的谢老师问她："最近有没有看见小蝉带玩具回家？有小朋友反映，小蝉悄悄地把自己喜欢的幼儿园的玩具带走了。"妈妈听谢老师讲完后非常气恼，准备回家后狠狠地揍他一顿。可是，妈妈转念一想不行。于是又和谢老师仔细分析了小蝉平时的表现，认为小蝉还是对物品的"归属权"概念模糊，由"内心欲望"所致，便共同研究了具体对策。妈妈回家后告诉小蝉："哎呀！我的宝贝把幼儿园的玩具都搬到咱家了，其他小朋友就没有玩具玩了，该怎么办呢？宝贝，要不要把玩具再搬回幼儿园呢？"又教育他"不能随便拿别人的东西"。从此以后，妈妈再也没见小蝉拿幼儿园的玩具回家。

事因分析

有的小孩子常常把幼儿园的玩具、奶奶家的钱、邻居家的东西等"拿"回自己家，为此让父母非常发愁，他们因孩子这种不好的习惯产生恐慌。事实上，这只是幼儿在这个年龄阶段一种特殊的心理反应。造成这种心理反应的原因主要有以下几点：

1. 幼儿的记忆能力差

人们常说"幼学如漆"，不错，幼儿熟记了的东西不易忘却，但这只是我们对幼儿记忆特点的一个片面认识。这表现在两个方面：一是幼儿的记忆容量有限；另一方面幼儿的记忆时间短暂，容易忘却。由此可见，幼儿的记忆能力问题是导致孩子把别人东西当作自己东西的主要原因。

2. 幼儿的感知觉尚不精确

幼儿"把别的小朋友的东西带回家"，有时甚至"把别人借给他的玩具当作自己的东西，不肯还给人家"，这是由于幼儿在对客观事物的认知上，还存在许多缺陷，如只重形象不重内容，只看外表不看本质等。因为这些缺陷，孩子才会错拿别人的东西。

3. 孩子不善于比较

幼儿早期主要以感觉思维为主，很少懂得去对事物进行比较，所以幼儿常因此拿错别人的东西。

4. 幼儿的空间知觉和时间知觉的发展也相当差

即使是到了学龄的孩子也经常搞错左右方向，孩子本想拿右边的东西，却可能拿左边的东西，反之亦然。在时间知觉上，孩子也易出错。孩子对时间的知觉是"从大不从小"的。也就是说，孩子只能大致知道"很久很久以前"和"现在"这些宏观时间概念，再细的时间概念孩子掌握起来就会比较困难，如前天、昨天、今天等。这样即使自己的玩具丢了，今天又看到别人的也会认为是自己的。

总之，孩子这一心理现象提醒我们：不能因其"把别的小朋友的东西带回家"就判断孩子没有与人共享的意识或是认为孩子有不良行为，而应该把孩子自身的年龄特征与其个性发展及道德品质区别开来。

建议家长们采用适当方法，去矫正儿童的这种行为习惯：

1. 教育孩子首先要了解孩子

家长应该懂得 3 岁幼儿的心理发育特点，然后才能对症下药。有些小孩拿别人东西是为了满足自尊心，因为小孩极易喜欢在别人面前显示自己，把它视为一种"英雄行为"，是"勇敢，有本事"的表现。这种小孩会将"拿"的东西给小朋友，以换取他们对自己的"友好"与"尊重"。有的小孩则是由于父母发生感情危机或父母对事业、工作过于关注，而缺乏家庭关注，所以，可能会选择这种行为来发泄其内心不满，吸引别人对自己的关注。

2. 教给孩子合适的行为标准

大多数家长认为责罚过孩子就完事了，其实并非如此。孩子的行为都是有自己的目的的，是为了满足自己的某种欲望。矫正的极有效的方法是，责罚之后教给孩子合适的满足自己欲望的方法。比如孩子拿其他小朋友或幼儿园的玩具回家，有些家长选择不予处理，有些家长会严厉责罚，这两种极端教育方式只会治标不治本，起不到根本教育作用。遇到这种情况，正确的做法是要告诉孩子："明天把它还回去。你想玩别人的玩具要先经过别人同意，玩一会儿以后要还给人家。"只有让孩子知道了这种正确行为，才不会去做出错误的行为。

3. 采用合适的方法矫正孩子拿别人东西的行为

首先要注意掌握适用于儿童心理发展水平的方法。对于有这种行为的儿童，切不可采用简单、粗暴的办法处理，这往往会使孩子产生抵触情绪和逆反心理，甚至会强化这种错误行为。孩子会对家长所提出的行为要求表现出一种消极态度，他们理解不了这种合理的道德行为规范要求，自然也就无法转化为内在行为动机，而且还可能产生心理障碍，这对孩子的身心发展非常不利。当孩子拿了别人的东西以后，父母应该以引导的方式教育孩子。引导往往比一般意义上的惩罚、打骂更为有效，是一种比较科学的方法和策略，更能促进孩子心理的健康发展。

4. 孩子犯了错误，无论有心还是无意，都要受到适当惩罚

不良行为一旦出现，必须立即施以惩罚，即便他不是故意的，也应该告诉他，这是他的过错，千万不要采用某些家长的口头威胁"等你爸（或其他人）回来收拾你"。

学前儿童的思维能力只能了解眼前的直接后果，不能想象更不能顾及将来的可能结果。就像这个年龄段的孩子哭的同时转眼就笑，更不用说一个漫长白天之后他怎能记得爸爸（或其他人）回家批评他的后果。及时惩罚孩子的作用在于让孩子明白，自己是因为什么错误行为被责罚的和应该改正什么错误。另外，要让孩子知道做错事就要受到惩罚的道理。

5. "所有权"意识的培养

家长要让小孩从小就有"所有权"的意识，让其明白并不

是所有的东西都是自己的"私有财产"，逐渐去掉儿童自我中心的习惯。孩子在幼儿时期多以自我为中心，常将生活范围内所见到的东西均视为自己的"私有财产"，当其他人动一动时，就会大叫"别动，这是我的"，有的孩子甚至大哭大闹。家长要有针对性地对孩子进行教育，告诉孩子哪个玩具是他自己的，哪些是共享的，哪些是父母的或别人的。

要告诉孩子：凡是不属于自己的东西，不经他人的同意，不得随便拿；即使得到同意后拿了别人的东西，也应还给别人；如果是自己的东西，别人想用，也应让别人用；对于大家共享的东西，不能自己一个人霸着用，甚至据为己有。

小贴士

3岁是孩子心理发展的一个关键时期，一般这个阶段的孩子心理发展水平较低，在他们的心里根本没有"偷"的概念，往往是喜欢什么，就拿回去玩玩，很少考虑拿回去以后的后果。虽然父母经常教育孩子"凡是不属于自己的东西不能拿回家"，但对一个3岁儿童来讲，他们还不能真正理解此话的含义，也不可能将这种教育内化为自己的自觉行为。所以，对于小孩拿别人的东西，家长不应过于紧张，也不要认为孩子出了什么道德品质问题，家长应该做的就是采用适当方法，去矫正孩子的这种行为习惯，以免孩子将来真的出现道德品质问题。

第三章

孩子智力发育期

（5 ~ 10 岁）

　　5 ~ 10 岁的孩子求知欲强，对于任何东西都喜欢探个究竟，他们好奇心极强，在生活中会敏锐地捕捉到他（她）所关心的问题，而这常常会为父母带来很大的麻烦。

　　一般而言，5 ~ 10 岁孩子的思维已经进入了一个成熟阶段，还会产生许多心理问题。作为父母，应了解孩子的具体问题，从而正确引导孩子的心理世界，满足孩子的心理需求。

"我"从哪里来

5～10岁的孩子求知欲是非常强的，他们可能会问你一些乱七八糟的问题，也有可能会问出一些很可笑的问题，还有可能会问出一些稀奇古怪的问题，甚至有可能会问出一些令人难以回答的问题……

几乎每位家长都被问过这样的问题："妈妈，我是从哪儿来的？"面对幼小的孩子，面对如此问题，很多家长不知道该怎样来回答。不能骗孩子，还要让孩子能够明白，很显然这令很多家长感到为难。

事例 1

王太太有个既可爱又聪明的儿子，小名叫博博，现在已经5岁了。有一天博博问妈妈："妈妈，我是怎么来的？"妈妈回答道："你是妈妈生出来的呀！"小博博又问："怎么生出来的？"妈妈说："从妈妈的肚子里生出来的呀！"小家伙还不罢休，又问："从肚子里是怎么生出来的呀？"王太太被问得没有办法，这时想起来自己做过阑尾炎手术，于是就把肚子上的刀口疤指给儿子看，说："就是从这里开刀取出来的！"这时儿子才罢休。

过了几天，儿子从幼儿园回家，见到妈妈就说："妈妈，我们班的非非是她爸爸生的。"妈妈说："胡说，只有妈妈才能生孩子的。"儿子睁大了眼睛说："可是非非妈妈的肚子上没有刀口，她爸爸的肚子上有刀口呀！"

事例 2

在幼儿园里，老师给孩子们讲了一个故事叫《猪妈妈生宝宝》，讲完后，老师对小朋友们说："今天你们的作业就是回去问一下你们的爸爸、妈妈，你们是从哪里来的？"

第二天，成成小朋友对老师说："我妈妈说我是从垃圾堆里捡来的，我再问我姥姥，姥姥却说我是狗叼来的，我又问爸爸，爸爸说我就是狗从垃圾堆里叼来的。"

事因分析

幼儿时期，孩子都有着强烈的好奇心和求知欲，"我是怎么来的"，这正是好奇心的表现，几乎每个幼儿都向爸爸、妈妈提出过这方面的问题，这并不是孩子有什么龌龊的心理，这只是幼儿的一种自我意识。

生命本来就是一门科学，对大自然的一切都有好奇心的幼儿，当然对生命的诞生也抱有极大的兴趣，所以提出"我是怎么来的"这样一个问题再正常不过，如果家长对回答这个问题有所准备就会好得多。据心理学家说，在孩子5岁左右，他们懂得自己不是自动出现的，在这个过程开始时一定有些什么事发生。

然而，有些家长总是试图回避孩子提出的这个问题，这种做法是不妥的。事实上，利用一些机会，采取一些适当的方法，对孩子进行一些性的启蒙教育，是很有必要的。专家认为，5岁是对孩子进行性教育启蒙的最佳时期。这种教育首先是性的自我认识：给孩子们建立男女性别不同的概念，并告诉孩子男女的不同之处。这一时期家长还可以给孩子建立一个道德文明范畴的概念：自己的身体不能随便暴露，更不能让别人随便触摸。要重视自己和别人的身体，自己不愿意做的事情，也不能强迫别人做。

在上述事例中，孩子的家长并没有正面回答孩子的问题。很显然，在此之后，孩子还会问类似的问题，因为孩子的好奇心是无止境的，当孩子提出一个问题后，家长只有给予他满意的答案，他才会善罢甘休。

我们必须明白，孩子这种提问并非要探讨两性关系，而只是出于好奇而已。这时，你必须清晰地对孩子表达出这样一种意思：你是爸爸、妈妈亲生的。至于解释，我们要根据孩子的年龄和认知程度慢慢去引导。父母们无须为此担心什么，尽量将正确的答案以一种孩子能够接受的方式对孩子讲出来，譬如可以直接告诉他：爸爸和妈妈相爱结婚后，除了拥抱和接吻，还要让爸爸的精子细胞进入妈妈的卵细胞，结合后在妈妈肚子里长成孩子，从妈妈的产道里生出孩子来。也可以告诉孩子：宝宝是在爸爸和妈妈结婚以后，在妈妈的肚子里长成的。最初只是一个细胞，叫"受精卵"，后来它开始分裂成2个、4个、8个……然后，它们逐渐长大，慢慢形成了头、颈、四肢等，当时你很小很小，眼睛都看不见，你就这样在妈妈的肚子里住了将近10个月，这时你已经是个7斤重的孩子。后来，你不想待在妈妈的肚子里，妈妈就在医生伯伯的帮助下，把你生出来了。同时还可以告诉孩子，生孩子是一个非常艰辛的过程，帮助孩子提早形成爱惜生命、孝敬父母的意识。

　　这是一种科学的回答方法，适合四五岁、有一定认知能力的孩子。用这样形象化的语言，来回答孩子关心的问题，过程完整而不复杂，既满足了孩子的好奇心，又能够帮助孩子理解问题。同时，对幼儿进行性的启蒙教育主要有两个方面的意义：

　　1. 通过了解生命诞生的过程，幼儿可以懂得生命的重要，为生命的诞生和成长感到喜悦，从而产生尊重生命、珍视生命的神圣感情。据研究证明，如果孩子懂得尊重生命，那么在初中和高中阶段就不会伤害他人和自己了。

　　2. 通过了解生命诞生的过程，可以让孩子懂得妈妈在生育过程中所付出的辛苦，体会母爱的无私和伟大，从而更加爱妈妈、关心妈妈，这种爱心的扩而大之，可以为孩子塑造善良的心灵。

小贴士

　　由于几千年封建社会的影响，中国人即使到了已经很开放的今天，对于两性问题依然还很保守，比如对于结婚、生孩子之类的问题，家长对孩子总是难以启齿。当一个孩子问出"我是从哪来的""我是怎么来的"等问题时，说明孩子已经有了思想，并学会思考，这也正是学龄前孩子好奇心与求知欲的表现。所以，对于孩子的问题，家长要尽量回答。当然，有些问题可能你一时也找不到合适的答案，无法及时回答，但你可以要求孩子和你一起去找答案，万不可呵斥孩子或胡编乱造答案敷衍孩子，因为那样会打击他的好奇心和求知欲。

孩子的性别启蒙

　　孩子的性别启蒙，对家长们来说似乎再简单不过：男孩就是男孩，女孩就是女孩，没有什么教导可言。但是，专家指出，性别启蒙要从小开始，一个和谐的家庭和关爱孩子的父母都非常重要，父母是孩子们模仿的对象，父母要让孩子在小时候逐渐意识到他们扮演的是男性还是女性的社会角色，渐渐地，孩子的人格和心智才会健康发展。

　　性别角色是以性别为标准进行划分的一种社会角色，它决定着一个人的行为模式，如人们要求男性行为体现出阳刚之气，女性行为表现出阴柔之美。虽然男女性别是由遗传等多重因素决定的，但性别角色却是从儿童时期受到成人影响、教育的结果。这不仅关系到孩子日后正常的社会交往、恋爱、婚姻、家庭生活，还会影响其心理发展。

事例 1

　　亮亮的爸爸、妈妈工作非常忙，经常出差，很少有时间和亮亮在一起。亮亮从小就住在外婆家，和表姐、表妹们一起生活。外婆说女孩好养活，就让亮亮穿表姐的衣服，还留起了长发，梳成辫子，简直就是一个小女孩。

　　亮亮5岁生日那天，被爸爸、妈妈接回了家里。爸爸、妈妈发现了一个问题：亮亮只喜欢女孩的衣服和玩具，对于男孩的衣服和玩具没有一丝兴趣；而在学校里，亮亮只喜欢找女同学玩，神态、声音也越来越像女孩子。

　　一天放学后，亮亮一下子扑到了前来接他的妈妈怀里，"哇"的一声哭了起来，并且非常委屈地说："为什么他们总是嘲笑我？为什么女孩子可以穿裙子，我就不行呢？"

事例 2

　　小龙和小凤是一对聪明可爱的龙凤胎，马上就要过5岁生日了。这天，妈妈带着姐弟二人到服装商场去买衣服，妈妈给姐弟俩各买了一双一模一样的鞋子。小龙非常高兴，因为这双鞋跑起来还会闪光。然后，妈妈又准备给小凤买一条裙子，小龙看到那条漂亮的裙子也非常喜欢，他告诉妈妈："妈妈，我也想要一条这样的裙子。"

"这是姐姐的裙子。"

"可是我也想要一条这样的裙子！"小龙说道。

"你是男生，你不能穿裙子！"站在旁边的姐姐说话了。

"为什么男生不能穿裙子？"小龙问道。

"只有女生才……"

事因分析

为什么男孩子不能穿裙子？当孩子提出这样的问题，很多家长会认为：孩子一定是看到别人穿裙子很漂亮，所以自己也想穿。其实不然，就如上述案例表明，并不只是想穿漂亮裙子而已，他们还意识不到性别差异。

"妈妈，我是男生还是女生？妈妈是男生还是女生呢？"大人认为理所当然的问题，对一个两三岁的幼儿来说，却是一件很难清楚了解的事情，当爸爸、妈妈告诉他或她"你和爸爸一样是男生"或"跟妈妈一样是女生"时，其实对幼儿来说，男性和女性只不过是刚刚学会的两个名词罢了。

但是到了 5 岁左右时，孩子因为渐渐地有了与其他孩子相处的经验，因此也有了自己的性别与其他孩子不同的"抽象性"思考概念，并且会开始好奇地去探索关于性别的种种问题，比如会问："为什么女孩子可以扎小辫子？为什么男孩子不能穿裙子？"这就需要父母从小就给孩子树立正确的性别差异意识。最初可以简单地告诉他们男女生殖器官不同，让他们对男女差别有个初步认识，然后通过服饰、游戏、行为、语言等方面，给他们强烈的性别暗示和明确的性别区分。

有些父母因为自己对孩子角色（性别）的期待，或者因为风俗使然，而对孩子进行异性打扮，把小男孩打扮成女孩或者把女孩打扮成一个帅小伙儿。家长只照着自己的意愿打扮孩子，却从来没想过这样做很容易混淆孩子的性别意识，让他们对自己的性别无法完全产生认同，甚至会对日后的生活造成很大的影响。

举例来说，有性别认同问题的男孩子，会喜欢穿女生的衣服，他也会认同周遭的女生，觉得当女生会受到更多的关注和赞赏；还有些孩子会把这种矛盾表现在角色扮演的层面上，做异性所做的事，而且会用梦境来表现幻想，例如，小男孩会梦到自己是女孩，并且享受各种当女孩的好处。

性别是生理的，男人和女人的差异不仅体现在身体器官上，更多地体现在社会认知和心理表现中。正是因为社会对于男性和女性的期待不同，所以才有男女之别，父母应该让孩子明白这一点。父母更应该让孩子清楚，男孩子应该做什么事情，应该是什么样子，女孩子应该做什么事情，应该是什么样子。这样，孩子对于性别的认识才更深远，也更全面。

如果你的孩子问你：为什么男孩子不能穿裙子？你千万不要给孩子一个理所当然的答案，因为你那理所当然的答案对孩子来说太深奥了，根本不能满足他的求知欲。他们不能从父母这里得到对自己性别的确认，也不能了解社会对个体的性别期待，自然无法在性别认知方面顺利成长，最根本的原因是你没有对他的问题给出合适、合理的答案。

其实，这个时候父母可以抓住机会对孩子进行正当的性别教育。要让孩子在日常生活的观察学习之中，了解两性之间的差异性，让孩子知道，女孩子有女孩子的可爱，男孩子也有男孩子的骄傲；让孩子知道，无论是男孩还是女孩，他们都是爸妈的可爱宝贝，并教给孩子建立起正确的两性相处模式。

小贴士

世界对成长的孩子而言，处处都是充满新鲜感的，孩子随时都在通过观察身边的事物，来建立自我的认知结构，而对于性别的认同，不仅是通过爸妈，其每天所处环境的人、事、物也都会成为孩子自我看待的一种途径。

因此，专家们认为，在孩子"性别化"的过程中容不得半点的矫揉造作。是男孩（女孩）就要让他进入男孩（女孩）的天地，喜男性（女性）之所喜，为男性（女性）之所为。

教导孩子尊重他人

开朗、自信和强势的性格，能帮助孩子长大后自立自强地立足于社会。但有关专家也指出，让孩子学会尊重他人才是今后真正得以立足的关键。如果你的孩子不会、不懂尊重他人，父母就应审视一下自己的教育方法是否出了问题。

事例 1

不久前，妈妈带欢欢去参加一个聚会，整个下午，这孩子真是让妈妈劳神费力。当妈妈和朋友们聊天时，欢欢不断嚷着要喝橙汁，妈妈让他稍等一会儿，但欢欢一分钟也不能等，马上大喊大叫起来。妈妈轻声制止他的无理乱叫，他却叫喊着要妈妈"闭嘴"。对儿子的这种行为，妈妈深感吃惊。事实上，平时在家里欢欢也会偶尔对妈妈表现出不尊重，但是从来没有这么不懂事，所以也没有在意。但儿子这次在聚会上的表现，让妈妈感到事态的严重性。欢欢妈妈反思，是不是自己在哪些方面做得不够，才导致儿子如此无理……

事例 2

东子已经上小学了，却不懂得尊重人。无论是同学还是老师，朋友还是亲戚，他总是在别人面前做出一些不尊重人的举动。他经常讥讽他人，嘲笑他人。比如，看见别人衣服上有个泥点什么的，他会故意做出夸张的样子，说别人身上好臭之类的话，让别人很气愤也很无奈。

事因分析

在上述事例中，欢欢平时就有不尊重妈妈的"前科"，但是出于对孩子的爱，欢欢妈妈并没有说什么，直至孩子当着朋友们的面叫着"妈妈闭嘴",妈妈才感到事情的严重性。东子已经上小学了,却做出一些不尊重人的出格之事。孩子这些不懂得尊重大人和同学的行为,父母应负很大责任。不少父母对自己应具有的父母权威态度模棱两可,同时又急切地想把孩子培养成能独立思考问题而不盲从的孩子。他们片面地认为,在家里对孩子限制太多,会让孩子今后难以适应社会。于是,在生活中过多地营造父母与孩子间的朋友关系,而忽略了"尊重"的观念,以至于在孩子的心目中没有了"尊重"这个概念。所以专家们指出:幼儿教育要从尊重别人开始。

首先,孩子要尊重他人,应从尊重父母做起。父母对孩子既养又育,投入了无法计算的情感和精力,无论从何处说起,孩子都应尊重父母,如果连父母都不尊重,更谈不上尊重他人。

其次,教育孩子尊重同学、邻居、朋友及比自己更小的人。只有尊重、关心他们,才能得到他们的关心和尊敬。比如,要明确地向孩子表达"应尊重他人"的想法,要跟孩子说"我不喜欢你用语言去伤害别人"或"你这是不尊重人的行为,应该道歉"等。只有这样,孩子才能有更多的朋友,而人的一生中朋友是可贵的。

再次,父母的教育态度。父母在与孩子交往中,要把孩子当成一个独立的个体，尊重他，不能任意摆布或训斥。尊重孩子要从关心孩子入手，只有受到尊重、关心、爱护的人才能尊重、关心、爱护周围的人。

最后，父母要尊重他人，起到榜样的作用。父母在进行人际交往时的行为、态度和方法，或多或少会渗透到孩子的言行中去。不用多费口舌，孩子就会心领神会，就会模仿，例如在家庭中，父母对自己的长辈是否尊重，是否孝敬；在与朋友谈话时，是否认真聆听对方说话而不随意打断别人的发言；在公共场所是否遵守公共秩序，等等，如果父母时时注意，处处做表率，这种无声的教育就会影响孩子的言行。

小贴士

尊重人是进行正常社交的根本条件，也是礼貌待人的重要标志。在人际交往中，只有尊重别人，才能受到别人的尊重。家长尤其要处处留意，通过各种方式来培养孩子尊重他人的思想意识。

一般情况下，当孩子出现不尊重他人的举动时，家长应及时地适当惩罚，或制止他正在进行的行动。如果当时的情况不允许，也应让他稍后体会到不尊重他人的后果，例如："你今天说了伤人的话，应为你说过的伤人的话道歉。""你今天没有尊重别人，晚上不能看动画片，还要打扫 3 天卫生。"父母在行使惩戒权力时一定要做到言出有信，否则，将很难收到应有的效果。

准许孩子搞"破坏"

新奇是幼儿探索世界的动力，他们的宣言就是：掌握全世界的秘密——他们要检查所有他们还弄不明白的东西。于是每个孩子都是"破坏王"，父母们总是以"准备着、时刻准备着"的精神状态去迎接随时可能发生的破坏场面，轻则是面目全非的图画、杂志，严重的则有可能看到被拆得七零八落的玩具汽车、再也打不开的电视等。探索不是什么坏事情，只不过它们总是伴随着一些意想不到的结果。

事例 1

刘女士是方方的母亲，因方方把她刚买回家的一块金表当新鲜玩具给摆弄坏了，她狠狠地揍了方方一顿，并把这件事情告诉了方方的老师。不料，这位老师幽默地说:"恐怕一个中国的爱迪生被你'枪毙'了,要解放孩子的双手,让他从小就有动手的机会。""那我现在该怎么办?"这位母亲听了老师的话,对自己的行为后悔不已。"补救的办法是有的。"老师接着说道,"你可以和孩子一起把金表送到钟表铺,让孩子站在一旁看修表匠如何修理。这样,修理费就成了学费,你孩子的好奇心也可以得到满足。说不定,他还可以学会修理呢!"

事例2

王先生刚给牛牛买了个电动小汽车,可还没玩两天却发现小汽车已经被牛牛拆成一堆零件了。王先生正欲生气,王先生的妻子却拿着牛牛以前玩的洋娃娃出来问牛牛:"这个洋娃娃的胳膊是不是你拧断的?还有洋娃娃漂亮的裙子,你把它脱了扔到哪去了?"牛牛可怜巴巴地说:"洋娃娃的衣服脏了,我给她洗了,她的胳膊是我在给她脱衣服的时候,不小心弄掉的。"

事因分析

　　小孩爱搞"破坏"属于天性使然，这是孩子们创造力萌芽的一种体现。他们睁着一双无知的大眼睛，对社会各类陌生事物感到新鲜、充满好奇，并身体力行，欲用自己的双手探求这未知世界。所以幼教专家们提醒家长，千万不要粗暴地干涉孩子的探索欲。

　　新奇是幼儿探索世界的动力，在他们的"研究合同"上只有一句话：掌握全世界的秘密——他们要检查所有他们弄不明白的东西。而在他们的检查清单上，排列着他们最感兴趣的东西：自己心爱的玩具，爸爸和妈妈的各种物品……探索不是什么坏事，只不过它们总是伴随着一些出人意料的结果，比如，图画书分家了，钟表解体了，电视机也该修理了……

　　面对惨不忍睹的"犯罪"现场，爸爸、妈妈们的第一反应往往是先生气，接着便是呵斥孩子，打骂孩子，很少有父母帮孩子一起完成他的"杰作"。

　　作为父母，必须有耐心、乐于去发现孩子的"破坏"行为，不能轻易地以打骂来对付孩子的这种"破坏"活动。对爱"破坏"

东西的孩子来说，他们的心理很复杂，有很多种类型，一般来说，孩子爱破坏主要有以下几种心理类型：

1. 好心办了坏事

很多孩子为了表现自己，就想帮爸爸、妈妈做些"能做"的事情，没想到却帮了倒忙。遇到这种情况，父母首先要表扬孩子爱思考、爱劳动的做法，因为孩子的出发点是好的，但由于经验不足或能力有限，结果往往出现偏差，比如：有的孩子见钟表走着走着不走了，就想打开来修理修理；冬天，金鱼缸里结了一层薄冰，怕金鱼冻死，把金鱼全捞上来包在手帕里……

家长首先要肯定孩子的想法是好的，接着告诉孩子失败的原因，要教育孩子不懂的事先请教大人，自己力不能及的事等长大了再去做。

2. 只是感到有趣

孩子天生爱玩，但由于想得不够周到，也意识不到行动的后果，玩起来不免会损坏东西，如把图书中色彩鲜艳的画面撕下来折叠成玩具；有天心血来潮，想画幅全家福，但又找不到纸张，于是在白色的墙上画，等等。

这时，家长如果发现了，可以制止，并让孩子认识到这些东西被损坏后的严重性；但家长不能制约幼儿的兴趣，更不能打骂或呵斥孩子。

3. 出于发泄心理

现在的孩子都是家里的"小皇帝""小公主"，稍有不满就会与大人赌气，有时他们会故意损坏东西，以此发泄心中的愤怒。对这种故意破坏的行为，家长绝不能姑息迁就，既要严厉批评，也要让孩子尝到有意破坏东西的后果。例如摔坏了玩具，在规定的时间内不买新玩具；撕碎心爱的画册，告诉孩子两周内不买他最爱吃的冷饮，以省下钱来买新画册。孩子受到一定的惩罚后，以后就不会再由着性子搞破坏了。

4. 满足个人需求

某些被溺爱的孩子因提出的要求被大人拒绝，便耍手段，迫使家长"就范"，当起效果后，就以此要挟家长，以达到个人目的。为防止这类行为发生，家长首先要满足孩子合理的需要。若不能满足孩子的需要，就要把原因告诉孩子，取得孩子的理解。一旦发现孩子出现不良行为，应该严肃批评，正确对待。

小贴士

孩子喜欢探索秘密是创造力萌芽的一种体现。他们睁着一双无知的大眼睛，对社会中的各类陌生事物充满新鲜感，合理利用孩子的这种天性，多方引导、鼓励，有利于孩子大脑发育及日后处事能力的提高，更重要的是从小培养了孩子浓厚的求知欲望，能为今后的学习奠定基础。

如何应对孩子"说谎"

"说谎"令人讨厌，说谎的孩子更是让父母生气。孩子原本该是纯真可爱的，可五六岁的孩子就会"说谎"，这令许多做父母的难以理解。孩子和大人完全不同，大人通常是用一种客观的、逻辑性的眼光来看待世界，而孩子的想法具有强烈的主观性和非现实性，经常会在身不由己、别无良策的情况下"说谎"，这是他们的一大特征。

事例 1

航航上一年级了，可是他对做作业却一点儿也不上心，每天放学，把书包朝家里一扔，就跑到外面去玩了。晚上，当航航妈妈下班回家后问他："你的作业都做完了吗？"航航竟然回答："没有作业。"可是，第二天，老师就把电话打到家里来了，问航航妈妈为什么航航没有做作业，航航妈妈说："孩子说没有作业呀！"老师说："这孩子说谎了，我每天都会给学生布置作业，可是他每天都不做。"

事例2

小明家里有一面很漂亮的镜子，他非常喜欢，经常拿着玩。有一次他不小心把镜子弄坏了，心里非常害怕。小明的家庭并不富裕，他的父亲是一位建筑工人，母亲是一位临时工，平常生活非常节俭。有一次小明的爸爸不小心摔破了家里的杯子，就被妈妈念叨了一通，小明担心这次自己会受到处罚，因而心里忐忑不安。于是，他赶忙跑了出去。爸爸回家后看到地上的镜子，想找小明问问，然而，他却找不到自己6岁的儿子，直到天黑，小明才从外面回来。这时，小明的妈妈刚好回来，看到自己心爱的镜子被打破，心里非常难过，就问小明："这是不是你打破的？""不是！"小明躲到爸爸的后面。爸爸看着小明惊恐的眼神，示意妈妈不要出声，低头问："这镜子是不是你打破的啊？说谎是不好的。""爸爸，是我打破的。"
爸爸望着孩子惊恐的眼神，平静而亲切地对他说：
"没关系，你做错了事情，能诚实地说出来很好。"小
明见爸爸没有生气，高兴地扑进他的怀里。

事因分析

关于孩子说谎，国外曾有过这样一个实验：在一个大房间的
角落里放着一只装有兔子的笼子，在对面的另一角落里放着一堆
玩具、几本五颜六色的连环画册和一些糖果。实验时，每次只让
一名幼儿入室。幼儿入室后，实验人员表示要离开几分钟，嘱咐
孩子看好那只兔子。没多久，孩子经受不住玩具和糖果的诱惑，
直奔过去，把看守兔子的任务抛到了九霄云外。实验人员通过监
测镜看到了这一情景，马上按下开关，兔子掉入机关。当孩子返
回时，兔子已经不见了。就在这时，实验人员入室，询问孩子：
"兔子怎么失踪了？"

孩子对此的反应是多种多样的，从完全否认事情的经过直至
勉强地说出原委。实验人员追问得愈加厉害，孩子们愈是不敢承

认自己的疏忽。这个实验有力地表明：如果现实情景形成了足够大的威胁，几乎每个幼儿都会说谎。

当航航母亲询问他的时候，他因为害怕自己没做作业会受到母亲的责骂，作为一种权宜之计，就暂时回答了"没有作业"。可是，他没有想到老师会给他家打电话。显然，这种情况之所以会发生，是因为孩子还不具备一定的逻辑思维能力，所以他才为了逃过一次"危机"，几乎不假思索地就说了谎。因此，当孩子说了这种类型的谎话以后，父母没有必要担心，更没有必要因此就对孩子施加更加严厉的管教。如果在这种时候，你不分青红皂白就训斥孩子，甚至对他进行惩罚的话，他可能会感到更加不安，就会编造出一些其他方面的谎话。但这不代表就此放任不管，导致他变成一个真正爱说谎的孩子。父母要做的就是找到孩子说谎的真正原因，以理说教，让他认识到说谎的危害性。

尽管孩子的说谎五花八门，但归纳起来不外乎以下几种：

1. "十个孩子九好强。"儿童也是具有竞争心理的，他们常常想引起别人的注意或想得到别人的表扬、赞美与爱抚，并希望自己在世上占有一席之地。当然这种积极向上的心理极其宝贵，它能推动着儿童身心的健康发展，但这种竞争心理如果缺乏正确的引导，就有可能会发展为说谎。如：一个6岁的小孩，目睹同伴拾金不昧受到表扬，便回家骗来妈妈的钱，交给老师说是路上捡的，企图得到表扬。这种为博得赞扬的说谎，就是由"趋乐"心理导向的。

2. 通常，孩子说谎更多是为"避苦"。当他们意识到自己要受到伤害、羞辱和危险时，便用说谎来为自己开脱，如犯了过错怕受到责罚，便编出一套自圆其说的故事来掩盖自己的错误，说是别人叫他干的，或说是因为不知道该怎么做而犯错误。又如，作业没完成，怕挨批评而谎称已完成等。

面对如此情况，家长们常常不知该如何处理，下面就提供一些方法：

1. 不要以成人的标准要求孩子。孩子说谎的动机是多种多样的，要实事求是地处理，不要随便以成人的道德标准去衡量，那对一个孩子来说太深奥了。这样不仅会损害孩子的自尊心，影响儿童的人格发展，而且还会诱使孩子进一步说谎，甚至会试图从不道德的方面去说谎。

2. 动之以情，晓之以理，不要过严惩罚。孩子说了谎，责罚肯定是要的。但处罚不要过重，要动之以情，晓之以理，使孩子明白这是他咎由自取，也要使孩子明白父母虽为他的说谎而烦恼，但仍是爱他的。只有这样，对孩子的教育才能收到预期的效果。过严的惩罚，只会使孩子感到不公，为了反抗这种不公正，他还会继续说谎。

3. 不要对他一再追问。当父母明知孩子在说谎时，就会忍不住追问。其实，父母是希望能够再给孩子一次说实话的机会，结果孩子为了证明自己还要再说一次谎。因此，如果父母知道真相，就不要再反问孩子；如果父母不知道真相，但是能够肯定孩子的答案也不可信，那么也不要追问孩子。总之，不要向对你说谎的孩子提问题。否则，只能使孩子一个谎言接着一个谎言地说，这样既会加深孩子心理的内疚和不安，也会使父母更加火冒三丈。与其这样，还不如相信自己的判断，告诉孩子你希望或要求他如何去做。

4. 不要嘲笑、讥讽孩子，要进行疏导。对孩子说谎的教育疏导，主要是使之辨别真理和谬误，从谎话本身的后果来为孩子解释道德准则；嘲笑奚落只会使孩子反感，进而丧失信心。

5. 适当让孩子尝尝被欺骗的滋味。比如，孩子想去公园时，父母可以答应他。可是一会儿父母又不承认了，孩子就会问为什么爸爸、妈妈说谎。这时候，父母就要学会顺水推舟地告诉他："你知道被人骗的滋味了吧，你可知道每次妈妈知道你在说谎时，有多伤心难过啊。所以，我们以后要彼此信任，你不对我说谎，我也不对你说谎，好吗？"听完这样一番话，孩子的感受可想而知。

6. 学会防微杜渐，改掉孩子说谎的毛病。孩子说谎并不可怕，可怕的是父母被孩子的谎言所骗，让谎言屡屡得逞，终成习惯。当谎言被父母识破，或者孩子自己承认时，父母要适当地夸奖，比如说"知错能改还是好孩子""父母最喜欢诚实的孩子"等。

7. 6岁的孩子已经知道，如果他告诉老师他的家庭作业被狗吃掉了，那老师肯定不相信，但是，如果他说"我病了，所以没有做作业"，那也许能够蒙混过关。毋庸置疑，你的孩子在成长的过程中也会不断提高他的欺骗技能。这个时候，父母唯一的"撒手锏"就是不能让孩子因为说了谎、解决了问题就任他得意扬扬地逃脱掉。同时，父母在向孩子灌输诚实这一美德的时候，最好要以身作则，在孩子面前，尽可能地自己先做到诚实，不说谎。另外，也要让孩子知道人和人之间的亲密关系是建立在相互信任的基础上的。

小贴士

"说谎"，在词典上的定义是"有意说不真实的话"，这是一种蓄意和深思熟虑后对真实情况加以隐瞒或歪曲的行为。诚然，因心理发展和语言发展水平低而出现语言表达不足，这种情况不属于说谎，如 5 岁小孩不小心弄坏了邻家花盆被父母指责时矢口否认，其心理是"但愿自己未曾干过此事"；6 岁孩子向妈妈说谎称别的孩子妈妈带他去公园玩时，其心理是"把想象当成现实"，都不是说谎，因为其中没有"蓄意"的企图，亦没有"歪曲"的轨迹。但是，在孩子上了学之后，如果是为了偷别人的东西或者是为了侵害他人的权益而说谎，就很可能是因为他在道德发育上出现了某些问题，父母就需要及时对其纠正了。

如何教育孩子的自私行为

"这孩子太自私，给他讲道理也不起作用，是他的东西其他小朋友就不能碰！"别担心，这是孩子又进入一个特殊阶段的标志。幼儿的生理和心理发展得非常迅速，只有了解幼儿的心理特点，才能有效地对幼儿实施教育。

事例 1

王太太有个可爱的孩子，她怕孩子一个人孤单，就常常邀请朋友带着她们的孩子来家里做客，让孩子们可以在一起玩耍。可是，孩子们没过几分钟就因为抢玩具而发生了矛盾，王太太劝自己的孩子要做个"小主人"，把玩具给"小客人"玩，孩子之间的"冲突"好像平息了，可不一会儿，他们又开始了，他们总是一起喜欢某一种玩具，他们似乎有共同的爱好，小孩子们很难做到互相谦让。

于是，一个愉快的聚会便成了孩子"矛盾调解会""孩子批斗会"。王太太和朋友各自责备孩子、教训孩子，不时地还会埋怨"现在的孩子太自私"！

事例 2

刘女士现居深圳，只有过年时才和家人团聚。据刘女士讲，他们家的宝贝女儿丫丫聪明可爱，现在已经 5 岁了。但是，总觉得这孩子有点儿自私。

她说："在深圳的时候，家里就丫丫一个孩子，玩具呀、书呀、糖果之类的没人跟她争，自从过年回到老家后，周围突然多了好多人，开始只往我后面躲，并且以为别人会把她的妈妈抢走，拉着我的裤腿敌对地说：'这是我的妈妈！'朋友们就喜欢逗她，拉着我说：'这是我的妹妹。'开始的时候这孩子哭得可伤心了，熟悉之后就会投降地说：'阿姨，好阿姨'，并且慢慢地拓展了她的'领地'，什么都争着是她的，不是她的也成了她的。有一天吃晚饭的时候，朋友过来玩，丫丫马上拉着我说：'这是我的妈妈。'又捧着她的碗说：'这是我的饭。'朋友逗她说：'是我的吧，我想吃一口耶！'孩子赶紧把嘴里的饭咽了，然后又吃了一大口，并且警惕地看着那位阿姨，唯恐阿姨'抢'她的饭。这个自私的小鬼，真担心她消化不良，不过，这孩子是不是真的有点太自私了？"

事因分析

　　孩子的生理和心理发展得非常迅速，由于遗传和环境的影响，同一年龄段的孩子之间既存在着个别差异，又具有共同的年龄特征。

　　到了一定年龄，孩子社会交往的欲望逐渐强烈，这个阶段的孩子对小朋友特别感兴趣，常常希望找小朋友玩耍。而在玩的过程中，家长不难发现，孩子总爱抢东西，总认为别的小朋友手中的玩具更好玩，于是就伸手去拿，拿不到就抢，就哭，边哭边说"我的、我的"，这样的孩子让父母很尴尬，家长们不知道孩子为什么会这样自私。其实这是很自然的一种现象。

孩子的心理发展是从模仿开始的，孩子们善于模仿，而模仿的对象多为自己身边的小伙伴。因此，许多教育家、心理学家很重视"以儿童教育儿童"。孩子是看他的小伙伴玩那个玩具，就会想模仿他，对儿童来讲，此时的交往是一种初步的交往，他们还不懂得怎样与身边的小伙伴友好相处。在他们看来一切都是"我的"，不会考虑别人的权利与要求，也不会自我克制，而是"随心所欲"，所以孩子们在一起玩耍往往玩不长久，争吵自然在所难免。

另外，对这个年龄段的孩子来说，与人分享是一个很难达到的发展境界，它包括去理解别人的需要和有时的延迟满足。细心的家长会注意到孩子经常会因为被要求去分享游戏材料而与别的孩子发生冲突，此时家长需要做的就是尊重孩子的权利，同时选择一些合适的机会，去帮助孩子学习在多人状态下的合作规则，让孩子逐渐知道游戏是"在规定的限制范围内的自由活动"。

因此，不是现在的孩子"自私"，而是这个年龄段的孩子有这样的心理特点、行为特点。家长要尊重孩子，不能认为这是道德问题，总是用"自私、小气"这样的字眼来教训孩子。随着孩子的成长和与外界交流的增强，他们会变得"大方"起来。

小贴士

未来社会要求有团队精神的人，会与人合作的孩子将会在以后获得更大的成功。如果说早期教育中认知的发展、智力的潜能拓展很重要的话，教会孩子学会合作和分享也同等重要。

孩子良好性格的形成需要家长的正确教育，家长要正确理解对孩子的爱。首先，要引导孩子合群。在群体生活中，培养孩子学会和别人分享玩具，共同游戏。其次，不要迁就孩子，坚决拒绝他的无理要求，当然，也要适当地满足孩子。

培养勇敢品格

　　有些家长常常为自己的孩子懦弱退缩、墨守成规、自暴自弃而焦急苦恼。这样的孩子往往表现出不思进取、成绩落后、缺乏创新、优柔寡断等特征。这与迅猛发展的时代特征是不相吻合的。究其原因，这些孩子都缺乏勇敢这一良好品质。交往上，沉默寡言，服从性强，孤僻拘谨，往往屈从于别人的意志；活动上，不敢出头露面、积极参与，情绪低落，往往缩手缩脚；学习上，不敢奋力进取，力争上游，往往消极应付，容易满足。这些表现在各种情境下不断出现，并逐渐得到巩固，使相应的行为方式习惯化，就形成了懦弱、缺乏勇气、思维封闭的性格特征。一旦形成这种性格，必将影响孩子的健康成长。因此，家长们应该引起足够的重视。

事例 1

欣欣是一个可爱的小女生，已经 8 岁了，却一直不敢独自一个人在房间睡觉，每天都要妈妈哄着才入睡；每次家里来了客人她都躲在妈妈身后，一言不发；平时在班上从不回答问题，更不敢向老师提出问题，甚至老师点名叫她回答问题，也常常声音细小，匆匆结束；在学校受到小朋友欺负也不敢大声讲理，更不敢反抗，总是委屈地哭着回家。为此，欣欣妈妈也没少费心，但总是起不到作用，她非常担心女儿，不知道如何引导才好。

事例 2

闯闯是一个文静的小男生，7 岁了。但是，闯闯的名字与他本人真是一点儿也不相符，7 岁的孩子还不敢去尝试任何有冒险性的运动，比如滑旱冰、游泳等，当爸爸、妈妈强迫他做类似的运动时，他便吓得大哭。而且，他平时几乎不敢招惹他人，被比他个子高的孩子欺负也不敢还手，还不敢向老师报告。

事因分析

孩子缺乏勇敢精神是多方面的因素造成的，这种性格不利于孩子的发展，影响孩子的未来，因此，针对胆小的孩子，家长一定要找出原因，帮助孩子找出树立勇敢坚强品格的方法，引导其成长为一个有健全性格的人。一般来讲，孩子胆小是由以下几种原因造成的：

1. 家长保护过度

有些家长对孩子的保护过多过细，怕磕着、摔着，总想把孩子带在身边，形影不离，导致孩子形成一种强烈的依赖心理和被保护意识。当孩子逐渐长大时，家长保护的惯性照样持续，结果是孩子一离开大人就害怕，遇到事情不敢自己处理，只等着家长来帮忙。

2. 教育方法不当

有些孩子在家里不听家长的话，如哭闹或不好好吃饭时，家长就吓唬他，说"你再哭我把你扔到外面去"；有的家长为了不让孩子做某些事，就用狼啊、鬼啊吓唬孩子……慢慢地，孩子便失去了安全感，而且越来越胆小怯懦。

3. 影视镜头带来的恐惧感

有些父母不给孩子选择电视内容，常常忽略保护孩子的身心，令一些恐怖的电视画面在孩子心里留下了可怕的阴影，造成孩子的恐惧心理。

4. 渲染卑微

"弱国无外交"，同样的道理，弱者少朋友。家长的社会地位有高低之分，家庭的经济条件也有贫富之别，这是事实。但是，即使你是一位普通的工人或农民，经济来源相当有限，也不要一味地渲染卑微，不能经常对孩子说类似的话："我们家穷，没权没势，也没什么本事，你要少出头露面，少与人搭界，吃点亏就吃点亏。"过分地渲染卑微，容易使孩子产生自卑心理。自卑是怯懦的孪生兄弟，自卑的孩子必定少言寡语，不敢与人交往，从而形成了胆小怕事的性格。

5. 与外界接触少，不合群体

很多孩子从小就很少与人交往，除了和父母、长辈有交往外，便很少与同龄小朋友一起玩耍，更没有走亲访友的机会。这样的状况使孩子的交往能力萎缩，怕见生人，怕在众人面前讲话。

孩子过于胆小，对于孩子的成长与发展是非常不利的，家长在帮助孩子克服胆小的毛病，培养勇敢的品格的时候，应注意以下几点：

1. 对孩子进行榜样教育

榜样的力量是无穷的，无数英雄模范在追求真理和祖国的前途时，在集体和他人遇到困难、危险时，都能表现出勇敢献身的精神，值得少年儿童学习。革命前辈朱德总司令在 10 岁至 14 岁期间，从老匠人及私塾席老先生那里，听到了太平天国石达开战斗和就义的故事；听到了清廷的昏庸、洋人的凶残和义和团反帝斗争的故事，这些英雄形象深深地留在他的记忆里，激发了他的革命英雄主义精神，为他走上革命道路奠定了基础。

少年儿童的人生观、道德观以及性格都是在多渠道教育影响下逐渐形成的，在这样一个过程中，家长对孩子的关怀和指引格外重要。作为家长，应有意识地培养孩子的勇敢品质，多讲讲在民族独立解放运动中表现出大智大勇精神的英雄故事，引导他们学习英雄人物的勇敢品质。

2. 培养孩子正确的思想观念，树立崇高的理想

心理学研究表明：人的思想观念、理想、信念等常常影响着人的性格形成。一个人如果树立了全心全意为人民服务的思想，树立了远大的共产主义理想，那么，他就可能形成符合人民利益

要求的勇敢性格特征，否则，"勇敢"就可能变成鲁莽、粗暴、蛮不讲理的表现形式和代名词。

3. 言传身教，优化环境

在培养孩子勇敢品质时，家长的言行举止很重要。俗话说："将门出虎子。"孩子性格和良好品德的形成，很大程度受到家长的影响，因为家长是他们最亲近、最信任的人。因此，家长在平时的生活中，对他人、对家庭、对集体、对社会，都要勇于承担责任，切忌"各人自扫门前雪，莫管他人瓦上霜"。家中有客人来，要让孩子主动问候招待；别的孩子闹矛盾，要鼓励孩子去做化解工作；学校布置的活动，要鼓励孩子积极参与；课堂上课，要鼓励孩子积极发言；家中事务，要让孩子勇敢发表意见。给孩子创造一个良好的环境，孩子的勇敢品格才会在学习生活的实践中逐渐形成。

小贴士

有人说：人的胆量与事业的成功与否，有着某种程度的联系。此话确实也有几分道理，虽不能说胆量越大，成功的可能性就越大，但胆小怕事，肯定会影响孩子的成长，也势必会影响孩子的未来。所以，过于胆小的孩子，家长应该给予重视，从小培养孩子的勇敢意识，让孩子无论在任何场合下都能从容应对，敢于表现自己。

了解钱的作用

认识钱的作用，换一种说法就是如何对孩子进行金钱观的教育。什么是正确的金钱观？是贪图富贵、挥金如土，还是只挣不花，做守财奴？金钱本身并不可怕，关键是家长应该弄清自己的价值观，否则将无法成功教导孩子。

儿童心理学家指出：小孩子对金钱的兴趣可以说是与生俱来的，早期的金钱教育对儿童树立一个正确积极的金钱观，形成良好的理财习惯与技巧有着不可估量的潜在作用。

事例 1

中午放学回家，小明说老师要用计算器，妈妈就随手找出一个计算器拿给他，小明乐滋滋地玩了一中午，然后下午带去学校了。

晚上，小明放学回家一屁股坐在沙发上："妈妈，我觉得我同学豆豆的爸爸好有钱啊！"

"哦，为什么？"

"因为他每天都有爸爸的轿车接送上学，今天他还拿了一个非常高级的计算器。哎，我明天不带计算器了，其实可以用口算的。"

"哦？"

"不过妈妈，你说我们家是不是很穷？"

小明自问自答："我想是的。刘磊家的爸爸还有牛奶卖给别人，我们什么东西也没得卖，所以就没有钱咯。"

在厨房里忙着的小明妈妈没有说话，她想：儿子开始思考社会问题了。有机会得告诉他，我们没有很多很多的钱，但是通过努力，足够他健康成长。我们还非常爱他。

事例 2

在学校里，张老师常会捡到孩子们的用品及衣物。有一次，张老师看见一个叫王天天的学生，把一个还是半新的书包扔到了垃圾堆，急忙问道："这个书包怎么扔了？"

王天天说："这个书包没有张娜娜的好看，我要让爸爸给我买新的。"

张老师说："你这个书包还能用啊！"

王天天不在乎地说："能用也不要了，反正我爸爸有的是钱。"

张老师说："有钱也不能这样浪费啊！"

王天天没有再理会老师，而是说了个"拜拜"就扬长而去。

事因分析

社会在发展，有人因土地价格暴涨，一时间成了有钱人，有人因股票获利，一天内就赚进了大量财富。孩子们也因此享受了富足的物质生活。

但是还有相当大的一部分人，家庭条件并不富裕，有的家庭甚至非常拮据，在这样严重两极分化的情况下，对孩子进行金钱观教育非常必要。

现在很多孩子从小就没有体会过生活拮据的滋味，只知道缺什么就让爸爸、妈妈给买什么，而家长往往也会尽量满足孩子的要求。孩子多是别人有什么，自己也一定要有什么。在他们的概念里，钱似乎是与生俱来的。所以，有关专家指出：家长应该帮助孩子从小树立正确的金钱观念。但是，对一个孩子提出的有关金钱问题，应该视具体问题而给予恰当回答。

1."我们家很穷吗？"

当孩子问出这个问题，无论家庭是贫还是富，你都要明确告诉孩子"中等"就可以了，并且告诉孩子："我们有足够的钱买食物、衣服和我们需要的东西。"曾有位教育学家告诫父母们：即使你家产丰厚，也不必让孩子以为他们可以想要什么就有什么，或以此向左邻右舍去吹嘘。

2."你挣多少钱？"

当孩子提及有关金钱方面的问题，父母在回答孩子时完全没必要回答具体数目，因为此时的孩子对数字是没有具体概念的，无论你的回答是多少，对孩子来说都是一个天文数字，这样他们难免会以为你富得不得了，不如简单地告诉孩子，爸爸、妈妈挣的钱足够养活我们的小家庭就可以了。

3."钱从哪里来？"

也许很多孩子见过家长取钱，他们会很好奇，机器也可以生出钱来吗？当孩子问到"钱从哪里来"时，父母要明确地告诉孩子，钱是付出劳动后得到的报酬，不付出是不会有收获的，以此消除孩子以为钱是"机器（ATM）里生出来的"错误概念。

在事例2中，王天天把尚没有用坏的书包扔进了垃圾堆，他的价值观告诉他：反正不用我担心，也不用对自己的用品负责任，只要学习用具没了，爸妈就会帮我买新的，因为家里有的是钱。这种观念是典型的没有正确金钱观的表现。无论多么富裕的家庭，父母都应该给孩子灌输这样的观念，即金钱必须通过辛勤的工作才能换来，任何浪费的习惯，都是可耻的。

对于一般的家庭，父母要让孩子意识到自己家的优点，哪怕只是很小的优点，但要有别于他人，并让孩子以此为荣，以激发孩子的自信心。妈妈可以很坦然地告诉孩子，别人有的东西你不可能都有，因为你也有别人没有的东西。有的东西太贵，妈妈买不起；有的东西妈妈不想买，因为想把钱花在更重要的地方。

在这样的过程中，孩子会逐步认识到，金钱不是评判他人的唯一标准，除了金钱，还有品行、性格、特长等很多标准。孩子常常天真地进行比较，你家的汽车是什么牌子，我家的汽车是什么牌子，这不是洪水猛兽，这是孩子正在认识周围的世界。重要的是，周围的成年人如何去进行解释。你简单地说，他们家有钱，所以他们家的车贵，那么给孩子的是一种单一引导；你给孩子说明性能、外形、节能、方便，车主对车的感情等其他方面的考虑，这时候孩子接触到的价值观就更多元，金钱就不会成为唯一的标准。在今天的世界里，要让孩子有健康的金钱观，父母的心态和引导方法非常重要。

小贴士

大多数人面对"穷"字，都有几分忌讳。其实世上穷富是相对的，也是客观存在的。无论是穷也好，富也罢，关键是怎么与孩子交流，让孩子不管外在环境条件如何，都保持一种阳光的心态。此外，还要让孩子理解，人的境遇和外在条件是可以通过努力改变的，人的欲望是无止境的，总有达不到的时候，所以必须学会克制。

训练集中注意力

心理学上说，注意力是个体对外界对象的指向与集中，也就是一种伴随各种认知过程的心理状态，无论做什么，都存在"注意"的状态，而且要想完成一件事情，就必须"注意"才行。因此，注意力是无处不在的，但是孩子们的注意力又另当别论。

注意力不集中的现象在孩子们身上是非常常见的。由于身心发展水平的限制，孩子不能将注意力长时间集中于一件事上，而是常常不由自主地从一个事物转移到另一个事物上。一旦养成这种行为习惯，对孩子学习和成长是有很大负面影响的。

事例 1

"洁洁已经 5 岁了，人很活泼可爱，就是注意力不够集中。比如说，让她画画，她画一会儿就开始玩水彩笔了，过不了一会儿又把画画的纸拿来撕成一条一条，反正就是不干正事！"洁洁妈妈说，"除了坐在电视机面前看动画片，做其他什么事都不能坚持20分钟以上，真是让人头痛。"

事例 2

陈女士的儿子活泼好动，是个人见人爱的孩子，而这也是令陈女士苦恼的原因。

陈女士说："我儿子已经5岁了，可他的注意力一点儿都不能集中，做什么事都是'三分钟热度'，一会儿做这个，一会儿又干那个。玩的时候也是这样，一会儿玩小飞机、一会儿又摆弄小汽车，尤其在我给他讲故事的时候，他听不了几分钟就要走开，很多时候看画报也不好好看，真怕他从此养成这种习惯，以后就麻烦了。专家都说学龄前的教育重要，但是孩子注意力不集中，这可如何是好？"

事因分析

上述事例表明，很多家长总是认为孩子的注意力不够集中。其实，大人对孩子注意力的理解有些片面，认为注意力就等同于坚持性，而且是坚持做"正事"，比如写字、画画等。而孩子玩一个小时的玻璃球，大人就认为孩子贪玩。其实，大人没有意识到，对一个学龄前的孩子来说，这正是他注意力集中的一个表现。

注意力是指一个孩子能将焦点或意志集中在某一件事物或游戏上，而不被外界刺激所干扰的能力。每个孩子集中注意力时间的长短不一，一般而言，注意力会随着个体年龄的增长而有所变化，年龄越大，注意力持续的时间会越长。儿童心理学家研究证明，3岁多的孩子对一件事情的注意力只能保持很短一段时间，大约在3～5分钟；4岁多的孩子是10分钟左右；五六岁的孩子则可以保持15分钟左右。当然，这是平均时间。在实际生活中，不同的孩子之间有个体差异。在上面提到的事例中，洁洁妈妈觉得孩子做什么都不能坚持20分钟以上，是错怪孩子了。洁洁才5岁，要求她做什么事情都要坚持20分钟，可真难为他，也不符合孩子的年龄和心理发展水平。

据专家分析，孩子注意力之所以不集中主要有以下因素：

1. 无关刺激的干扰。孩子以无意注意为主，一切新奇多变的事物都能吸引他们，干扰他们正在进行的活动，如色彩、声响、流动的人和车辆等都可能分散孩子的注意力。针对这种情况，要孩子保持注意力集中就要排除无关刺激的干扰，保证孩子所处的环境安静整洁。

2. 疲劳。孩子神经系统的耐受力较差，长时间处于紧张状态或从事一种单调的活动，会引起疲劳，如晚上让孩子长时间看电视、玩耍，孩子第二天的注意力就无法集中。这就需要家长为孩子制订一个合理的作息制度，使孩子得到充分的休息和睡眠，以保证其次日精力充沛地进行学习。

3. 孩子对某些事物不感兴趣。大人们要求孩子所做的事过于困难，会使孩子产生畏难情绪；过易则不能吸引孩子，都不利于集中孩子的注意力。只有当新内容与孩子的知识经验之间存在着中等程度的差异时，才容易引起孩子的注意。

这里存在一个兴趣的问题，当孩子面对他感兴趣的事物时，注意力集中的时间就会奇迹般增长。父母可以利用这些特点，想一些巧妙的办法，使任务变得有趣，并引导孩子对将要从事的活动产生强烈的兴趣，从而激发孩子的求知欲，培养其学习兴趣，促进他们集中注意力。

4. 注意转移能力差。由于年龄的原因，孩子注意力转移的能力还没有发展，因而常常不能根据需要及时将注意力集中在应该注意的事物上，这也是注意力分散的一个原因。如果事前的活动量过大，刺激较强，孩子过于兴奋，便很难将注意力转移到后面的活动中去，更容易分心。因而家长要引导孩子积极动手动脑，变被动为主动，这样更有利于孩子注意力的集中。

小贴士

集中注意力是完成任何有目的的活动所必需的，但有意注意需要意志努力，消耗的神经能量较多，容易引起疲劳，特别是 3 ~ 6 岁的儿童，由于其特殊的心理特点，很难长时间保持有意注意。

一般情况下，我们说孩子注意力不集中，往往是说他的有意注意不够集中，也就是说，孩子的无意注意是占优势的，而且，任何新奇多变的事物都能吸引他。因此，大人们必须灵活地掌握方法，不断地变换孩子的两种"注意"，使其大脑活动有张有弛，既能完成你留给他的学习任务，又不至于过度疲劳。

第四章

孩子性格独立期

（10 ～ 14 岁）

　　10 ～ 14 岁是孩子的性格独立阶段，这个时期的成长若是受到阻碍，则会影响其一生的发展。

　　10 ～ 14 岁的孩子有自己相对独立的思想，善于思考问题。这个阶段是小学进入初中的关键时期，在学习上会面临各种各样的问题，孩子这时在心灵上会受到一些"无能为力"的冲击。作为父母，了解孩子的身心发展规律，把孩子培养成德才兼备的人才，是他们应尽的责任。

孩子为什么恐惧学校

学校是孩子学习知识的地方，应该是令孩子敬重和向往的地方，可为什么有的孩子怕去上学，或不愿上学呢？这个问题每位家长都应该好好想一想。10 多岁的孩子正是身心尚未发育成熟、性格尚未健全的时候，此时的他们自尊心较强，心理比较脆弱，稍微受到一点儿伤害，就可能造成难以弥补的伤痕。有的老师为追求单一的教学质量，对学习成绩差的学生极尽挖苦、讽刺之能事，有的甚至勒令孩子回家反省，这种极端做法，无疑会给孩子心灵留下巨大的创伤。

事例 1

一位母亲说："我女儿 10 岁，性格内向，从小自尊心强，学习成绩名列前茅。一次，女儿因一件小事受到新换班主任的过分批评，以后孩子就总是紧张，担心自己做错事被老师批评，后来发展到害怕上学，尤其是每到星期一早晨上学时就会出现腹痛并伴有恶心呕吐，但只要不上学就没事了。眼见孩子成绩下滑，易发脾气，我们很着急。"

事例 2

佳佳刚满 10 岁，在家中是个聪明活泼的孩子。新的一学期开始了，才过几天老师就发现她怕生，不合群，不愿意与其他同学一起玩，接着就开始哭闹，吵着要回家，连着几天都这样。老师很奇怪，急忙给家长打电话，可佳佳的妈妈来了之后，孩子还是要回家，佳佳妈妈也没有办法。

事例 3

娟娟是个聪明的孩子，上小学以后却慢慢变得沉默寡言起来，发展到最后竟然不愿意上学了，询问其原因，说是怕别人笑话。原来是一次体育课做操，她动作不怎么协调，惹得同学们哈哈大笑。她觉得很没有面子，就再也不愿意去上体育课了。自此以后，她觉得自己什么都不如人，于是干脆封闭自己。父母怎么也说服不了她，急得不得了。

事因分析

上述事例中孩子们的行为表现为"学校恐惧症"。这是一种情绪障碍，表现各异，但对学校产生恐惧这一特点是相同的，诱因有分离性焦虑或改换学校后难以适应新环境，以及人际交往困难等，特别是孩子在升学、转学或在学校中碰到过分严厉的批评、在学习或其他活动中失利、受到挫折时更容易产生。父母不分是非地同情孩子，为其辩护，则会强化这种恐惧。母亲对孩子外出离开自己表示焦虑不安、不放心，也会增强孩子的害怕和恐惧情绪。

虽然学校恐惧症是一种不健康的心理表现，但家长们不必为此着急焦虑，这种症状只是孩子从一种生活转向另一种生活时所产生的不适应心理，家长只要正确引导，学校恐惧症会很快消失。

当然，要想引导得好，最好先弄明白引发学校恐惧症的原因是什么，这样才能对症下药。原因主要有：

1. 情感的不适应。由于孩子从小由父母或专人抚养，建立了良好的安全感，一旦上学，就要与亲人分离而处在陌生的环境中，这样使孩子失去了安全感，觉得无依无靠，焦虑情绪油然而生。

2. 家长在孩子上学前没有为孩子做心理上的准备，有些孩子甚至在未入学校时听到家长以消极的态度谈论学校，比如说如果不乖就把你送到学校，到学校如果不听话老师就会批评，让老师来管你等，甚至像喊"狼来了"那样吓唬孩子说："你要是不听话，明天就把你送到学校去。"这种做法只能造成孩子对学校的恐惧心理，也是引发"学校恐惧症"的原因之一。

3. 现在的孩子多娇生惯养，初到学校不能适应集体生活，如不会自己穿脱衣服，不会自己吃饭等。另外，孩子若在初到学校时被老师严厉批评或被一些同学欺侮，也会使他对学校生活产生恐惧心理。老师在处理具体问题时方法过于简单，或是经常批评学生也可能导致孩子害怕入学。

那么，针对孩子的学校恐惧症，作为父母应该怎么办呢？

1. 给孩子提供安全的环境。让孩子知道父母是爱他、关心他的，会与其共同解决困难。

2. 提供学习处世技巧的机会。父母可以在家庭中协助孩子学习如何与长辈、朋友交往，如何面对问题，到学校后才能建立良好的人际关系，觉得学校是令人快乐的。

3. 父母要与老师经常沟通。老师的夸奖、亲切的态度，都会让孩子感受到温馨，如果孩子惧怕上学，应及时拜访老师，请他多接近、多称赞孩子，以减轻孩子对学校的恐惧，提高学习的兴趣。

4. 帮助孩子建立对学校的安全意识。利用假期带孩子到学校活动，或拜访对学校有良好印象的亲朋好友和小朋友等。

5. 经常与孩子讨论学校发生的事，但不要以父母的价值观来影响孩子。

小贴士

对孩子来说，因其没有足够的表达能力，一旦出现了情绪问题，很难用语言表达出来，他们往往选择在第一时间通过一些行为表达自己的不满和愤怒，孩子的学校恐惧症其实是一件很正常的事情。在处理这个问题上，家庭和学校的责任各占一半。所以，家长除了带孩子进行心理咨询，听取专业意见外，平时要经常与老师沟通，寻求老师的帮助；作为家长，绝对不能放弃对孩子的帮助，要发现他们身上的闪光点，并帮助他们减轻压力，树立自信，直至带领孩子走出困境。

难以对学习产生兴趣

许多 10 来岁的孩子都这样问自己：我为什么没有学习激情，为什么进到教室就烦？其实孩子对学习没有激情，是典型的缺乏学习动力的现象，而兴趣则是学习的最大动力。对于孩子的这种心理，父母要用正确的方法来进行引导。

事例 1

丽丽是一个聪明活泼的女孩，但就是上课听讲的效果非常不好。老师在上课的时候，经常会发现丽丽的眼睛不是黯然无神，就是盯着窗外或者周围其他的同学，要不就是手里不停地摆弄着铅笔、尺子、书包带等物品。若是教室外发生了什么事情，有了什么声音，丽丽一定是全班第一个被吸引过去的。老师让她回答问题时，常常是"一问三不知"。不用说，她的考试成绩在班里只能排个中等靠下。如此不良的听课状况，一旦孩子升入高年级，功课肯定跟不上。为此老师私下找来了丽丽的妈妈。果然，她妈妈也说孩子在家做作业的时候总是磨磨蹭蹭，边做边玩，不是要喝水，就是要上厕所，还经常发愣，一个小时的作业量，她总要用两到三个小时才能完成，而且正确率也不高。丽丽的妈妈为此非常发愁。

事例 2

老师在上英语课时发现，他提问时，有一个叫张晓的同学从来不举手，别的学生都争先恐后地举手，可张晓就像是一个旁观者，不过，当老师提问到她的时候，她有的问题也能答上来。

事因分析

现在，有不少孩子之所以没有学习激情，是因为没有从学习中找到乐趣，甚至优等生也不例外，像上面提到的丽丽就是对学习不感兴趣、做事注意力不集中的典型事例，这种孩子是最令父母头疼的。要改变孩子没有学习兴趣的问题，首先要弄清楚孩子产生厌学情绪的原因，然后才能对症下药。一般而言，孩子产生厌学情绪的原因主要有以下几点：

1. 父母对孩子的期望过高。有的家长为了孩子，可以放弃自己的事业，去学校陪读，造成孩子缺乏学习的自觉性，难以领悟学习的意义，难以独立解决遇到的新问题，更体验不到独立解决问题后的成功感受。星期天他们还会整天陪孩子练琴、学画，给孩子进行课外辅导，使孩子的心理、身体上的压力大大增加。

2. 家长对孩子学习知识的目的定向有偏差，将学习知识的目的定在明天而不是今天。他们常对孩子说："你不好好学习，将来就得去扫大街。"由于功利性过于强烈，孩子体验不到获取知识的快乐，而只注重别人对自己学习成绩的评价，自然会将学习看作是苦差事。

3. 孩子的学习方法不正确。不会学习的孩子学得苦，学得累，学得烦。这些孩子往往学习时不能集中注意力，不能把新旧知识联系起来进行学习，无法将学到的知识正确、合理地表达出来。由于不会学习，孩子面对日益繁重的课业内容，便会产生不喜欢学习的想法。

面对孩子的厌学，在弄清主要原因之后，家长们该如何让孩子快乐学习呢？

1. 作为父母，要让孩子体验到成功的快乐

每个孩子都很在意别人对自己的评价，他是按照别人的评价去认识自己的。如果别人说他笨，他就会认为自己笨。一个总是得不到别人赞赏的孩子体验不到成功的快乐，也就不会去努力了。对于一个从未完成过作业的孩子，家长最好让他先做几道容易的习题，让他能轻而易举地完成，再调整作业的难度。如果孩子的学习不好，不要将失败的原因归为孩子不聪明，这样容易让他自暴自弃。作为家长可以从学习态度、意志力等方面去寻找其中的原因。

2. 让孩子学会自我激励

如果孩子能够经常自我激励、自我鞭策，他便有可能避免学业上的失败。家长首先要帮助孩子树立自我激励的目标；其次要让孩子学会自我暗示，经常对自己说一句激励的话，如"我一定能成功"；再次是让孩子在行动中摆脱消极情绪。如果孩子因为怕学习失败而产生恐惧，你就应该告诉孩子可以采取什么样的行动来消除这种情绪。

优秀是鼓励出来的，正因为孩子的心灵敏感脆弱，所以鼓励的话更容易起到促进的作用，家长朋友们可以先放下心中严格的尺子，用平常心去鼓励孩子的一点点小进步。还有，虽然家长心里着急，但也不要逼着孩子去学习。当孩子愿意学习的时候，学习是一种享受，效果会事半功倍；反之，当孩子不愿学习的时候，学习则是一种苦役，你逼着他学习，只会增加他的痛苦。

3. 要有正确指导孩子学习的方法

在辅导孩子时，不要代替孩子学习，这样容易养成孩子的依赖心理和遇事退缩的习惯。要教给孩子获得知识的方法，如教孩子如何去查工具书，如何获得自己想要的资料等。如果孩子在学习过程中不会选择重要的内容，家长可以有意识地在每周给孩子两篇长文章，让他把长文章缩写成短文章，缩写的过程既体现了孩子对知识的理解，又能展现孩子的创造性。

4. 要维护孩子的自尊心

大部分家长都深有体会，经常批评孩子并不能够让孩子的成绩提高，既然如此，家长们就应该控制住自己想要批评孩子的冲动，换一种让孩子能够接受的语言，同他心平气和地进行交谈。只有尊重和保护孩子的自尊心，才能慢慢提高他们的学习兴趣，并逐步提高他们的学习成绩。

小贴士

父母对待对学习不感兴趣的孩子，要帮助他们找到问题的症结所在，引导他们掌握科学的学习方法，千万不要对孩子失去信心。对于在学习中实在有困难的孩子，家长可以找心理医生检查评定孩子的学习能力，用科学方法进行矫治。

心理压力过大

　　"我不想、不想长大，长大后这世界没童话……"这首歌唱出了很多孩子们的心声。现在越来越多的孩子不想长大，还不时这样想："我为什么要长大？"如果您有这样的孩子，您可要注意了，这说明孩子的心理负担太重了。孩子不想长大是对个人成长客观规律的一种主观压抑，这种压抑必然将危害孩子正常心理健康的成长。这对孩子的现在和未来都是无益的，孩子若不想长大，大人应有所警觉。

事例 1

　　田静的妈妈早就告诉她，要是不好好学钢琴，将来考高中或者考大学就不能加分，别人都加分了，如果自己不加，就考不上好大学，考不上好大学，就找不到好工作。田静说，其实她并不喜欢钢琴，甚至不知道自己将来想做什么，有时候挺想赶快长大的，可一想到长大以后要做那么多事，又很害怕。

事例2

张师傅下岗后，把自己的全部希望都寄托在儿子小刚身上，为了让小刚好好学习，他在小刚的卧室安装了摄像头，时刻监视他的行动。小刚在高压之下反而更无法集中精力，学习成绩一落千丈。结果可想而知，小刚受到了父亲的无情责骂，张师傅说："你就不能长大吗？让我整天为你操心，你看别人家的孩子……"

面对父亲如此行为，小刚更没有了学习激情，他在心里问自己："我为什么要长大，为什么……"

事因分析

一个小学生居然会考虑为自己将来的工作而学习，这太不可思议了！究竟是什么原因导致孩子有这样的想法呢？

1. 现代社会的竞争异常激烈，而这种竞争已经提前演习到大学、中学甚至是小学阶段，孩子从家长、老师的教导中深深认识到了这个社会的残酷性，并把这种将要面临的竞争当作自己学习的动力，这本身就是一种心理负担。

2. 教育原因。父母对孩子的投入和期待很大，以至于孩子不愿意长大，因为长大后就要承担一份责任感。

很多家长都在为自己的孩子策划未来，这其实是一种拔苗助长的教育方式。孩子的未来应该由他们自己去选择，况且幼小的孩子根本没有对未来规划的意识。家长可以为孩子谋划，但应该是在孩子表现出某些方面的天赋时，帮助其发挥天赋，而不是强行赋予孩子某种天赋，让他们以勤补拙。

3. 孩子本身的因素。有些孩子不想长大是因为觉得长大后会增添许多烦恼，不愿承担相应的责任。随着孩子年龄的增长，当他看到大人在残酷的竞争压力下生存的时候，自然会对未来充满恐惧，由于不愿意过如此辛苦的大人生活，所以不愿意长大。

4. 不容忽视的社会因素。随着社会的不断发展，竞争的不断激烈，这一代孩子承担着父母和社会的过多投入和期待。家长和社会将所需要的价值观灌输给孩子，让孩子提前步入社会竞争中，给孩子的心灵带来了极大的压力，从而对未来充满了恐惧。心理学家认为，一个人置身于社会中的能力和他的社会化程度有关。一个不敢面对将来、不愿或害怕承担责任的人，其社会化程度是不高的，虽然年龄已达到了成熟阶段，但作为一个在社会中要承担多种角色的社会人还是远远不够的。

小贴士

面对孩子的心理负担，家长首先应该好好地检讨一下自己，改变自己的教育方法；其次要和孩子经常沟通，了解他们内心的痛苦，解决他们的心理难题，只有这样，才能使孩子轻装上阵，健康成长。

不愿与其他孩子交流

有许多孩子常常不爱和其他孩子一起玩耍，平时若是再和同学闹一点儿矛盾或者是别人对自己稍微有一点儿不好，就会感觉同学们不喜欢自己，就更加远离他们。这其实是孩子不合群的种种表现。孩子不合群不可怕，关键是如何改变这种局面。

事例 1

韩丽是一位性格比较内向、不爱说话的女孩，她一向不太善于处理与同学之间的关系。有一个同学找她借了一本书，她几次三番催促人家归还，同学没有及时还给她，她就找到同学家索要，还书时她发现书籍已有破损，就非常不高兴。同学见她这个样子，就嘲笑她小气。韩丽觉得自己对大家那么好，可是别人却不理解她，心里非常伤心。

事例 2

有一个孩子这样对心理医生说："我的性格比较内向，属于那种闷得让人受不了的人，我知道这是我的一大弱点。我的朋友不多，有时觉得很孤独，我也想去接近别人，可是又不知道该如何接近，该如何和别人沟通才能成为朋友。我从来没对谁不好过，当别人遇到困难时，我总会主动地帮助他们，可是他们却并未因此而感谢我。现在在班里，除了和我从小一起玩的朋友理我之外，别人见了我都会故意躲开我，可是我真的不知道这是为什么。有的时候我总是翻来覆去地想自己哪儿错了，但我觉得自己对别人一直都不错，除了不爱说话这个毛病，可我已经在尽量改了。我现在说话也已经越来越多了，但还是不受别人欢迎，我真的不知道该怎么办。"

事因分析

以上两个事例说明，孩子其实很在意别人是否喜欢自己，并希望得到别人肯定。那么，是什么原因导致孩子产生这种想法的呢？

1. 内心脆弱

孩子在家里，不管遇到什么事，家长一般都会偏向孩子。而在学校中，同学之间肯定会有摩擦，然后彼此之间互不说话，由于孩子心理比较脆弱，在他们的内心就会出现"他们是不是不喜欢我了"这种想法。

2. 内心比较封闭

由于孩子的性格比较内向，不喜欢和同学们接触，慢慢地就感觉自己融不到集体中去，随着同学关系越来越疏远，孩子的心里便会出现同学们不喜欢自己的想法。

作为父母应该怎样帮助孩子摆脱这样的心理呢？

1. 倾听

当家长发现孩子有这种心理时，首先要给孩子创造一种宽松、自由发表意见的氛围，引导孩子毫不隐瞒地讲清楚别人不喜欢自己的原因以及对自己的态度。家长要认真倾听，并采用适宜的方法来解决，如果属于孩子认识偏激或行为错误，家长要积极引导。

2. 让孩子学会换位思考

让孩子学会站在他人的角度考虑问题和处理问题，创造情景让孩子亲身体会别的同学的想法。教孩子多看看别人的优点，而不是死咬住缺点不放，学会尊重对方，关心对方，多赞扬对方，不要不舍得开金口，在关系僵持或恶化的时候，一定要主动表示友好，不要碍于面子或难为情不开口。

3. 经常与孩子沟通

家长如果长期不与孩子沟通，会使孩子慢慢把自己的内心世界封闭起来，性格也会变得内向，还会与父母产生距离，从此有话不愿意对父母说。

4. 经常与老师沟通

家长要了解孩子在学校的表现，老师也要了解孩子在家中的行为，这对家长和老师共同教育孩子、避免孩子对同学产生抵触情绪是极其重要的，所以为了孩子的健康成长，家长要经常与老师沟通。

此外，还可以叮嘱老师多关心自己的孩子，让老师鼓励同学们多和孩子一起玩。

小贴士

　　作为父母，首先要改善孩子的家庭教育环境，孩子之所以会有不合群的现象，往往出在父母对待孩子的态度上。父母不要溺爱孩子，也不可过于粗暴，正确的做法是对他们多加关心，耐心教育，多种渠道培养孩子积极、热情、活泼和开朗的性格。

　　此外，对于正在治疗这种心理问题的孩子，父母既要看到孩子的些微进步，还要帮助他们与其他孩子逐步建立起良好的交往关系。

培养独立意识

我们经常会见到如下场景，上学的路上，父母接送孩子上学，还要帮孩子背书包；衣服脏了，妈妈忙着洗干净……这些做法，不仅剥夺了孩子独立成长的机会，更糟糕的是还有可能使孩子产生自己无能、愚蠢的观念，这是对孩子自信心的一种无形的伤害。

事例 1

董秀是育英小学 4 年级的一个小学生，由于学习成绩优秀，同学和老师都非常喜欢她。但是，自下半学期以来，董妈妈发现孩子变了。

这天，董秀和一个要好的同学小米约好，7 点钟在小米家里一起温习功课。6 点多钟，董秀吃过饭，告诉妈妈要去同学家里温习功课。董妈妈问董秀大概几点回来，让她爸去接她。董秀只是告诉妈妈说，不会太晚回来的，不用爸爸接的。说完之后，她把饭碗一推，就拿着课本去找同学了。

到了同学家里，董秀发现小米正在洗衣服，但是没见小米的妈妈。董秀问小米："是不是你妈妈又加班了呀？""没有，我妈妈怕打扰我们学习，就去找朋友了。"小米回答道。"原来是这样，你妈妈为什么不给你洗了衣服再出去呢？在我们家里都是妈妈洗衣服的。"董秀看着小米还在洗衣服，于是说道。小米抬头看了看时间，还不到7点，她说："你先等我10分钟，我马上就洗好了。自从我10岁了，我都是一个人洗衣服，从来不让妈妈帮我洗，因为这是我自己的事，我认为，自己的事应该自己来做！"董秀没有再说什么。

第二天放学回到家，董秀妈妈对董秀说："秀秀，快把你的衣服换下来！""可是我穿哪一件衣服呢？"妈妈帮董秀拿出一件粉红色衣服换上，正准备去洗换下来的衣服时，董秀说："妈妈，我来洗吧。"妈妈没听清楚秀秀在说什么。"妈妈，以后我自己的衣服由我自己来洗就好了。现在，妈妈你就去做饭，等一会儿我洗好衣服该肚子饿了。"董妈妈微笑着说："秀秀真懂事，是你们老师要你们这么做的吗？""才不是呢，我昨天看到小米都是自己洗衣服，我也要自己洗衣服，我要独立！"

事例 2

小迪，一个 5 年级学生，从小生活在爸爸、妈妈的关爱下，爷爷、奶奶更是拿她当掌上明珠。她的衣、食、住、行都是由爸爸、妈妈"包办"，简直就是"衣来伸手，饭来张口"的小公主。爸爸、妈妈认为，小迪只要能够考出好的成绩就够了。

5 年级下半学期，学校为了锻炼孩子们的独立性，要求每个孩子都住校一段时间，不过时间并不长，只有两个星期。虽然只是短短的两个星期，小迪还是过得很惨。在学校里，被单要自己整理，刚开始小迪的被单总是叠不好，几天下来总算马马虎虎。吃饭要自己买，吃了饭之后自己刷碗筷，衣服也由自己洗。小迪现在回想起来都有些后怕，自己从来没有洗过碗，也没有洗过衣服。住校的两个星期只洗了两次衣服，真不知道那衣服是怎么穿的。

这次训练结束了，学校做了一项调查，这项调查显示：该学校的学生70%没有独立性，而25%由父母有意培养过独立性，只有5%是孩子自己养成的这种独立意识。据说，这次住校期间，有些家长不放心孩子，还三番五次地跑来看孩子。

事因分析

有位美国心理学家曾说："孩子需要一定的空间去成长，去实践自己的能力，去学会应对危险。不要为孩子做他自己能做的任何事情。如果父母过多地做了，那就剥夺了孩子发展自己能力的机会，也剥夺了他们的自立与自信。"

现在的父母，给孩子倾注了太多的爱，但这种爱在某种程度上会压制孩子的自由活动。父母为孩子费尽心血，对孩子寄予太多的希望，无非就是希望孩子将来能在社会上立足，能够成就一番事业。可什么样的孩子能适应将来竞争激烈的社会呢？是在父母怀抱里长大的孩子，还是在父母包办下毫无主见、毫无个性的孩子？对于这个问题，每位父母都非常明白，可实际上能够做到的父母实在是太少了。正是如此，才导致我们的孩子独立空间越来越少。

孩子失去了独立空间，失去了锻炼的机会，又从何谈独立。

其实，父母都应该懂得：孩子是一个独立的个体，他是作为一个独立的人而存在的，父母应该尊重孩子的独立性与探索意识，不要把孩子禁锢在自己的臂膀里。

诚然，孩子虽然现在还小，但是总归有一天要离开父母，独立地在社会上闯荡、生活。独立性是一个人在社会上的立身之本，如果一个人不能独立，那他将无法在这个社会上生存下去，所以独立性需要从小培养。有些孩子独立性较强，这主要是因为这些孩子的父母从小很注重培养孩子的独立意识。他们决不代替孩子做他们自己可以做的事情。与之相比较，许多父母好像更加"疼爱"孩子，他们总是对孩子的生活干涉得过多、过问得过多。而在这种父母的"疼爱"下长大的孩子往往生活自理能力差，在学习和生活中遇到不顺心的事或者遇到困难时就不知道该如何去处理，不会自己主动想办法去解决。这是我们每位家长不愿看到的。

所以，为了孩子能有一个美好的将来，不要看到孩子摔倒就心痛，有时也要硬下心来，"不去管"孩子。"不去管"他们，其实是给他们提供锻炼的机会，让他们做自己能做也应该做的事情：能穿衣服时就让他自己穿，能洗衣服时就让他自己洗，能做家务时就让他做些力所能及的家务……父母这种"别管"的做法，能让孩子变得独立、自主、自强。当孩子完成这些事情之后，父母可以给予鼓励和夸奖。这样既能培养孩子的独立能力，也能使孩子在一次次的成功中增强自信心。

当然，父母的"不去管"，并不是放任自流，而是建立在了解孩子能力的基础上的。如果孩子确实存在难以解决的问题，父母可以把自己的经验和想法告诉孩子，与孩子一起来解决。

小贴士

我们每个人都是一个独立的个体。同样，孩子们虽小，但他们也是一个独立的个体，父母应该给孩子一个独立的、可以自由活动的属于他们自己的空间，这个空间应该让孩子自己来建设，允许孩子在自己的空间里做一些自己感兴趣的事，只要孩子能够独立地支配自己的小天地，他们就会觉得自己是自己的小主人。这样才能培养孩子克服困难的信心，才能锻炼他们的心理素质和实际生活能力。

给孩子一个真正的假期

"终于又放假了,"孩子们想着,"总算可以好好地放松一下自己,告别那种紧张的学习生活了。"然而,很多家长却完全不是这样想的,爸爸、妈妈们把目光瞄向了各种补习班、辅导班、提高班等。真是可怜天下父母心,也真是难为了这些年幼的孩子们。为此,有关专家提醒家长们:应该认识学习规律,不要一厢情愿地逼孩子在假期学习,否则可能会适得其反。

事例 1

暑假到了,赖先生正考虑为上小学 5 年级的女儿林林报什么暑期班。他认为,暑假时间较长,总不能让孩子每天没事就玩儿。别人的孩子在假期里都报这样那样的学习班,他也不能让孩子闲着。

经过选择，赖先生为林林报了大提琴学习班。然而，林林参加学习后却非常苦恼，她说："最近几个假期我都是报班补习，感觉压力特别大。其实，即使自己坐在补习班的教室里，也学不下去。特别是听到同学们说他们玩得多好多好的时候，心里对学习的排斥情绪就更加强烈。"

事例 2

寒假里，陈女士的儿子聪聪只有春节几天写作业的时间，剩下的时间都要去"上班"。不少家长虽然知道辅导班不一定有用，仍然花钱让孩子"上班"。陈女士儿子所在的班里，有的孩子已经花了几千元上辅导班，学习成绩却未见提高。

事例 3

孩子还没有放假，魏女士就开始筹划起孩子的假期生活来了。她的儿子李浩，今年 11 岁，是 ×× 小学 5 年级的一名学生。李浩从小聪明可爱，活泼好动，想着儿子平时上学很辛苦，魏女士决定让孩子在暑假好

好玩一玩，放松一下身心。问及李浩，李浩说："平时
在学校里面对枯燥无味的课本，就一个头两个大了，马
上就要放假了，放假期间本来就是我们自己的时间，我
们也能够自己支配自己的时间了。妈妈很理解我，我也
能够理解妈妈。"说着，李浩就给妈妈一个大大的拥抱。

事因分析

相对于别的孩子而言，李浩是非常幸运的，因为他有一个好
妈妈，魏女士理解孩子，没有逼他去参加这样那样的辅导班，也
没有强迫他天天待在家里学习。她希望孩子可以痛痛快快地玩一
个暑假，可以放松一下自己的身心，以便在下学期全身心地投入
到学习里。

可林林就没那么好过了，爸爸为她报了补习班，却没想到越
补越厌学……类似林林这种现象的孩子不止她一个，这是典型的
因为家长的学习压迫造成孩子逆反心理的情况。家长们总是想让
孩子多学习一些知识，于是就利用假期或周末为孩子报补习班、
学习班，却不曾想过，如此逼迫孩子在假期进行学习会直接影响

孩子学习的激情。

　　有关教育专家指出，假期盲目给孩子报班，可能影响学生的学习能力和成绩。首先，孩子提前学习下学期的知识，等到老师讲到这些知识的时候，孩子觉得已经学过了，上课的时候就不太注意听讲，这样对知识的掌握仅仅停留在表面，就会出现一知半解的现象。其次，重复学习，孩子学习的主动性和兴趣会大打折扣。再次，孩子在假期得不到休息，精神上始终处于紧张状态，很容易造成厌学心理。

　　本来在经过一个学期的学习之后，孩子需要一个调整的时期，释放压力，重新积蓄对学习的兴趣。然而，家长们却把这有限的时间安排得满满的，令孩子没有释放压力的空间。当然了，家长们送孩子上辅导班的出发点无可厚非。但孩子如果长期在课外辅导的环境下学习，久而久之，会产生依赖辅导的心理。家长们还应该认识到，辅导班仅仅是在做知识的"加量"，而对能力的培养是没有任何帮助的。送孩子"上班"在短期内可能获得不错的学习成绩，但孩子因为思维方式被模式化，没有形成正确的学习方法和思考能力，学习的潜力和发展的空间反而被压缩了。因此，专家提醒，要短期的成绩，还是要孩子今后的长远发展，家长一定要三思而后行。

专家还建议父母们：应鼓励孩子走出家门，到外界多参加一些公益活动，与同学、朋友一起多参加一些社会实践，并积极进行体育锻炼等，以培养学习以外的多种素质和能力。

小贴士

现代社会竞争日益激烈，各种补习班遍地开花，作为望子成龙、望女成凤的父母，不希望孩子输在起跑线上，便把孩子们送到补习班去学这学那，这种心理是可以理解的。但是，这种做法也要有个"度"，所谓"行行出状元"，不要总是要求孩子按照大人的想法来生活。每一个孩子都有他自己的特长，要让孩子成才最好的办法是挖掘孩子本身的兴趣和特长，兴趣是最好的老师，让孩子在自己喜欢的天地里成为强者，这不是更好吗？

因此，社会教育学家呼吁：家长们应该早日认识到学习的规律，不要一厢情愿地逼迫孩子在假期里学习。过度学习反而会适得其反，父母应该把假期真正还给孩子，一个真正属于孩子的假期是没有学习压力、亲近社会、亲近自然的假期。

多鼓励孩子

　　孩子有自己独特的内心世界，它是具体的、鲜活的。在他们的心中，父母是神、是圣人，父母对他们的评价直接关系到他们的心理和以后的成长与发展。所以，父母在评价孩子时一定要正面评价，这样能使孩子肯定自己，积极上进；反之，孩子受批评或得到不好的评价，就会否定自己，产生自卑感，不思上进。因此，多给孩子一些鼓励，就等于给前进的轮子装上了润滑剂，可以极大地调动孩子的学习积极性。

　　事例 1

　　　孙女士下班回到家里，看到女儿若有所思地坐在沙发上，看也不看她一眼。于是，她上前看个究竟，问道："宝贝，怎么了？"孙女士把她的女儿抱起。

"妈妈，我是个怎样的小孩？"女儿用那充满疑惑的大眼睛看着孙女士。

孙女士听到这个问题，愣了一下，然后笑着说："你是妈妈的宝贝啊，要不妈妈怎么会这样评价你呢？"

"不对，奶奶说我是一个调皮捣蛋的小孩，因为我不小心把她的鸡蛋打碎了；爸爸说我是个烦人的小孩，他说我打扰了他看书；爷爷说我是个听话的小孩，因为我帮他搬了凳子；老师说我是个坏小孩，因为我上课捣乱；同学们说我很好，因为我给他们糖果吃；可你却说我是你宝贝，为什么啊妈妈？"孙女士的女儿疑惑地问着。

"这个，你很好啊……"孙女士一下子愣了，不知道该如何回答是好。

"是吗，可是别人为什么要那样说我啊？"孙女士的女儿生气地说。

孙女士面对如此情况，不知该如何是好。

事例 2

小刚上 5 年级了，在学校里面常被人轻视，常被人骂是"傻孩子"。在一次家庭聚会中，小刚的叔叔当着众人的面夸奖自己的儿子如何聪明，还提示让小刚的妈妈带着儿子去检查一下智力。本来，在听弟弟讲述"教子成就"、反衬出小刚"愚笨"的时候，小刚的母亲已经如坐针毡，当听到"检查智力"的建议之后，一贯要强的母亲再也不能容忍孩子给自己"丢面子"了，她冲进另一个房间，走到正在无忧无虑玩耍的儿子面前，狠狠地扇了小刚一个耳光。小刚不知道发生了什么事情，马上就哭了起来。小刚母亲见了之后说："哭，你就知道哭，我怎么就有了你这样一个笨儿子呢！"小刚经常得到这样的待遇——在不知情的情况下被妈妈打，被妈妈骂。慢慢地，小刚做什么事情总是做不好，在学校里被人骂是"傻孩子""笨孩子"。他在心里也就承认了自己是一个笨孩子，是个傻孩子，他不与别人交往，没有朋友，每天总是一个人来，一个人去。

事因分析

当孩子到了一定年龄时，总会问一些奇怪的问题，这些问题往往问得父母不知如何回答，如"我是个怎样的小孩？"其实，孩子问这些问题，都是有他自己的道理的。当孩子问起"我是个怎样的小孩"时，就说明他长大了，开始在意别人的评价，却也很困惑别人对他的评价，造成如此情况的原因有以下几个方面：

1. 父母不明确评价。父母的评价决定着孩子的身心健康。然而，许多父母却忽略了这些，当孩子做错事，父母一味地责骂孩子。于是，孩子接受了这样一个信息：我不是个好孩子，我是坏孩子，因为爸爸、妈妈不喜欢我。当孩子做了好事之后，父母又一个劲地夸奖，于是，孩子接受了这样一个信息：我是好孩子，爸爸、妈妈夸奖我了。当这两个信息同时并存于孩子脑海里时，孩子就迷惑了，不知道自己是一个怎样的孩子，就会去问父母，而父母的回答还是敷衍了事——"你很棒！""你是爸爸、妈妈的宝贝。"就如上述事例中孙女士的女儿一样。

2. 众人片面、随意地评价。在学校里，老师和同学会随着孩子所做的事情随心给孩子做出片面的评价，时好时坏。在家里，家庭成员对孩子也有不同的评价，当家里来客人，或者父母领着孩子到别人家里做客时，客人出于礼貌，随口就说："啊，这个孩子看起来好乖啊！""你的孩子很聪明啊！"

3. 父母只是按照自己的意愿为孩子设立了各种标准，然后按照这些标准对孩子进行评价。然而，不适度的标准必然造成不适度的评价，就像用汽车的速度来衡量自行车，必然得出"自行车车速太慢"的结论。就如上述事例中的小刚妈妈一样。

由此可见，孩子渴望得到别人的评价，但是大人们却没有在意，在此建议父母在评价孩子时应做到以下几点：

1. 不要给予随大流的评价

当孩子问及自己的不足时，有些家长不去认真分析孩子产生不足的真正原因，只是"随大流"，或是以"天生"为理由而忽视了自己的教育责任，或是照搬别人的原因往自己孩子的头上套，而逃避自己的教育责任。有些家长只给予孩子片面的评价，只因他某件事情做得不好就批评他，某件事做得好就表扬他。其实以上这些做法都是不对的，在评价孩子时不要因为孩子小就敷衍了事，在批评或者表扬之后，再给他解释自己批评或表扬他的理由，这样会帮助孩子更好地发展。

2. 不要给予随意、消极的评价

家长在评价孩子的时候，经常采用随意性的评价形式——不经过认真思考，口无遮拦，只是凭借自己的感情行事，这样对孩子造成的心理危害会更大。孩子出现不足的时候，也是非常需要别人帮助的时候。但是，家长由于自身观念、方法存在着不足，由于将自己的面子和尊严放在了第一位，所以对孩子的不足经常表现得无法容忍，哪怕是一些轻微的不足，也足以让家长暴跳如雷。盛怒之下，什么"笨蛋""蠢货""没出息""你这辈子算完了"等讽刺、打击、侮辱、谩骂性的语言滔滔不绝地从家长的口中说出来——家长只顾自己的面子，只顾自己的痛快，丝毫不顾及孩子的自尊心，不顾及教育的效果。这样评价孩子，会给孩子造成很大的影响，不但起不了教育的作用，反而会害了孩子。

3. 不盲目评价

教育评价的基本功能在于促进学习者的发展和提高，不加分辨地盲目鼓励，会使孩子无法看清努力的方向和前进的目标，不但不能给孩子有效的激励，而且也不利于孩子的改进。这种做法，往深处说，是对孩子一种错误思维的肯定，而这种肯定，也许会让孩子在错误的道路上渐行渐远。

4. 不要一味给予积极的评价

父母要有目的地评价孩子，不要盲目慷慨地献出自己的评价。诚然，孩子确实需要激励，在激励性语言的评价下，相信即使再平庸的孩子也会变得自信。但是，物极必反，凡事过了头就未必是好的了。一味表扬，正如一味惩罚一样，并不可取。不需要付出努力，唾手可得的称赞有谁会珍惜呢？事实上，对孩子而言，过多的夸奖不仅不能对孩子产生积极的引导作用，反而会导致孩子形成浅尝辄止和随意应付的做事态度。

5. 评价语可以再丰富些

如果孩子做得很好，而父母只用"好"或"不错"来评价，孩子会感到不满意。如果孩子做错了事情，父母只用"这样不行""你做错了"来评价，孩子会不服气的。父母应预测孩子的需要和情境的性质，做出适当的表扬，使表扬产生真正的激励作用。例如，当孩子的作业完成得好时，父母可以说："你真聪明"，这样既可以增强父母和孩子间的关系，也有利于孩子自信心的培养。

用肯定性词语代替否定性词语。肯定性词语能明显地告诉孩子应该怎么做，而否定性词语只告诉孩子不应该怎么做，却无法表达应该怎么做。

6. 用肯定的语言作为评价

当孩子产生害怕心理时，父母用"勇敢些""放松些"就比用"不要胆小""不要紧张"更有激励作用。用"你应该再努力些""我已经看到你在进步""我希望你做得更好些"比用"你不要偷懒""你的进步不快""你让我失望了"等对孩子更有教育作用。

小贴士

评价会伴随着孩子的成长，无论孩子成功还是失败，都不应影响父母对孩子的肯定和爱护。但是，当孩子还是提出"我是个怎样的小孩"的疑问时，父母就应该注意周边人对孩子的评价了，通过了解情况，父母有义务及时根据情况向孩子解释每种评价所代表的意思，防止那些评价给孩子的心理带来不好的影响。

不能以学习成绩好坏评价孩子

　　严父慈母——这一直是中国人对父母的形容。父母本是儿女成长的桥、前行的路，父母对儿女的爱更是最无私、最单纯的，但是，在现实中，因为对成绩的片面追求，我们经常能看到别样的"严父刺母"。

　　成绩当然要看，但是，并不能说成绩不好就是坏孩子。因为孩子一时成绩不好，父母就对其任意打骂，显然不是在促进孩子进步，而是在阻碍孩子成长。这样的父母，永远也教育不出真正优秀的孩子来。

事例 1

　　13 岁的小玉是某校 6 年级的学生，父亲是做生意的，家里很有钱，全家人就这一个宝贝，对她是百依百顺，以往无论她犯了什么错，父母都没有骂过她。可是，这次因小玉的期末考试成绩不理想，父母忍不住责备了她几句。从没受过这么严厉批评的小玉在家里又哭又闹，心里觉得难以接受。第二天，因为此事小玉再次与父母争吵起来，妈妈气愤之下打了小玉两下。

当晚，小玉从家里拿了几千块钱，在父母睡觉之际，偷偷地跑出家门。可是，出了家门小玉不知道自己该到什么地方去。随后，她去了火车站，买了一张去广州的车票，没有一丝留恋地走了。

天明之后，小玉下了车，但她站在马路中央，不知道怎么办才好，还差点儿出了车祸，幸亏交警把她拉开。之后，交警问她家是哪儿的，在这里干什么。交警看小玉什么都不说，就把她送到了警察局。经过民警耐心劝说，小玉终于打消了继续出走的念头，愿意回家。

小玉的突然失踪可急坏了家人，当夜，家人就报了警。就在他们焦急万分的时候，突然从广州传来了好消息，小玉找到了。

当天中午 12 时许，小玉的父母专程赶到了广州。

小玉的妈妈眼睛都已经哭红了。见到妈妈这样，小玉也忍不住扑到了妈妈怀里大哭起来。

小玉的爸爸对民警说，自己觉得很奇怪，对女儿这么好，供她吃供她喝，要什么给什么，可她还是不理解父母的苦心。他说宁愿不做生意了，也要找到女儿。民警告诉小玉爸爸，不能只在物质上关心女儿，更要从精神上关心她，孩子的成绩不能代表孩子的一切，不要因孩子的成绩好坏来评价孩子的能力，当孩子成绩下降时不要只是一味地责骂，要帮助孩子找到成绩下降的原因并鼓励孩子。

事例 2

一位母亲下班回家意外发现女儿已经做好饭，并给自己打好洗脸水，还拿来拖鞋让她换，母亲一语道破这一反常现象的根源："是不是外语测验不及格了？"女儿脸红了。母亲知道女儿知错了，便不再批评她了，还说了几句鼓励女儿的话。母亲之所以这样做，是因为通过女儿的表现，她清楚女儿会努力学习，考出好成绩的。

事因分析

中小学生的学习成绩越来越成为家长们关心的话题。许多父母为了使自己的孩子成绩提高一些，运用了种种办法，却依旧无效。面对如此情况，许多孩子也发出了这样的疑问："爸爸、妈妈，我已经努力了，你们为什么看不到呢？"而对此情况，父母视若无睹，只是一味地打骂责备孩子，这种做法极大地伤害了孩子的自尊心。那么，究竟是何原因造成孩子有如此心声呢？

1. 孩子是祖国的未来，父母的希望。在家中，家长无一例外地对自己的孩子将来有所考虑和期望，期望孩子成绩出众，将来上大学、有成就的有之；期望孩子有经营头脑，将来可以挣大钱的有之；期望孩子体格健壮，将来可以破纪录、拿世界冠军的有之；期望孩子只要快乐、平安地度过一生的也有之……很多情况下，父母的殷殷期望化作了孩子向上奋进的动力。而有时，过高的期望会成为孩子肩上沉重的压力，面对如此压力，孩子会更加努力地学习，却让一张成绩单判了死刑，因此使孩子产生了这样的疑问："爸爸、妈妈，我已经努力了，你们为什么看不到呢？"

2. 父母的唠叨。当孩子的成绩不理想时，他自己已经够难过了，回到家想听的是父母的安慰，结果反而听到了父母无尽的唠叨，比如："你怎么就这般没出息？""你怎么这么笨呢？""你就不会好好学吗？""你知道我们为了让你上学费了多大劲啊，你竟然考成这样？"

此外，父母喋喋不休地表达期望，就亲子间的交流而言，孩子仍然扮演了被动的角色。其结果，要么使孩子人云亦云地盲从，要么使他对什么都无所谓，对家长的期望自然也是不屑一顾，还有就会使孩子产生"你越是要我这样，我越是要那样"的逆反心理。这样的期望，能对孩子产生作用吗？一句话，第一次讲可能是真理，第十次讲就是陈词滥调了。在一个适宜的时间与场合，与孩子一起探讨一下父母对孩子的期望，其效果远远胜过一日十次的重复。

3. 父母的催促。"你该做作业了！""你该复习了！""怎么每天都要我催你呢？"这样的催促如果孩子听烦了，他们可能会说："我本来想学，你一催我反而不想学了。"接着便是成绩下降，然后是……

4. 疲劳式教育。学校搞题海战术，家长再额外增加学习时间、学习题目，这就是疲劳式教育。孩子的精力是有限的，超负荷学习会给孩子的身心健康带来伤害，最终只能是欲速则不达。

5. 父母的失望表情。当孩子成绩没达到父母所期望的时候，不管孩子是不是进步了，父母总会表现出一种很失望的神情，殊不知这样会给孩子造成很大的伤害。

当父母看到孩子的成绩单时，若能做到以下几点，不但有益于孩子的身心健康，还可帮助孩子进步。

1. 用平和的心态和孩子一起看成绩单。

2. 尽量找到一些好的评语来鼓励孩子，让孩子知道你已经知道他在努力。

3. 保持冷静，让孩子来告诉你成绩不够理想是怎么一回事。

4. 避免采用责备和羞辱的问话方式。可以使用"为什么""怎么""如何"等词语来询问情况，如："你觉得自己的成绩为什么不理想啊？""这种情况是怎么发生的呢？""你准备下次如何来提高成绩呢？"

5. 同情孩子。比如，可以对孩子说："你成绩不合格，我也挺难受的。你的感受如何？我打赌你也不好受，对吧？"

6. 同孩子以及老师一起，制订一个帮助孩子提高成绩的可行计划。

7. 时刻牢记，这只是一个成绩单，不能因此给孩子定位，每一个孩子的发展空间都是很大的。孩子如果能得到你的扶持、理解和引导，就会积极主动地去修正和改善自己，而且这种行为只有在自觉自愿的前提下才会发生。

此外，对孩子的教育也不要太过于死板，要放弃"成绩至上"的观点，并做到以下几点：

1. 拓宽期望面，不要只局限于智能与学业

以智能高低、学业成绩好坏衡量孩子是否成功、将来是否有前途，是现代社会的流行病。事实上，衡量一个人的成功与否是有许多评价标准的。

在罗马，有个孩子因为学习成绩不那么理想，成天郁郁寡欢。一次，父亲把他带上了罗马一座教堂高高的塔顶。

"往下瞧瞧吧，亲爱的孩子！"父亲指着像蜘蛛网般的街道说，"通向广场的路不止一条，生活也是一样。假如你发现这条路达不到目的地，就走另一条路试试！"多么聪明的父亲！他以一种恰如其分的方式，表达了对孩子取得成功的期望。

2. 看到孩子的努力

作为父母，应该学会看到孩子的勤奋和努力，并抓住适当的时机，承认孩子的努力、耐力和勤奋。家长们要始终记住一句话："所谓天才，是百分之一的聪明加百分之九十九的勤奋！"

在很多情况下，父母应该有意看淡孩子的聪明，而重视孩子的努力，并把这种理念传递给孩子，让他们感觉到努力了就能获得父母的认可和夸奖。当孩子在学习或其他方面取得优异成绩时，父母不要把这个成绩归功于孩子的先天优势，而是把关注点集中在孩子的后天努力上。当孩子通过自己的努力做好了一件事情的时候，父母应该赏识和赞扬他"真是个努力的好孩子"，而不是"你真是个聪明的孩子"。当他取得理想的成绩时应该告诉他："成绩真不错，这都是你努力学习的结果！"

小贴士

崇尚勤奋品质的家庭，会看到每个孩子的优点，而不是将他们相互比较，当然也不会根据成绩去比较他们。每个孩子能力各异，只要他们都在进步，都在努力，家长就应该予以更多的欣赏，并及时地给予表扬，千万不要只以分数的高低，来确定孩子进步的大小。

第五章

孩子的心理危机期

（14 ~ 16 岁）

14 ~ 16 岁是人生的转折期，也是一个生机勃勃的年龄段，这一阶段的学生从少年走向青年，是刚刚释放出青春活力的第一季。

14 ~ 16 岁也是一个问题多发期，由于生理和心理的不断发育，这时期的孩子会承受着从未经历过的"青春期烦恼"，如果不能妥善处理这些问题，就容易出现严重的心理问题和心理障碍。作为父母，应多一分关注，多一分理解，帮助孩子安全度过青春期的这一危险阶段。

不能融入新环境

进入中学后，有的孩子一时不能适应新的环境，导致心理出现一些问题。这种现象是青春期的一种正常反应，只要适当地引导，就能回到正常的学习中去。

事例 1

"入学时进了全年级前 30 名，期中考试后倒退到 200 多名，准是没有认真学习。"期中考试成绩一下来，阿倩的妈妈就开始给孩子来了个"开门黑"。当问及阿倩原因的时候，她委屈地说："入学以来，我感觉同学和老师都用异样的眼光看我，我好怕，也不敢去接触他们，经常一个人孤独地坐在自己的位置上，慢慢地学习成绩也被落了下来。"

事例 2

"爸爸，我要回家，再也不要住在这里了。"上个学期还寄宿的初一男生小杰这学期开学成了走读生，父母原本希望借寄宿培养他的自理能力以及和同学们相处的能力。没想到，住校不到两个礼拜的小杰常因缺乏包容接纳的心态，三天两头和寝室同学争吵打闹，打输了就打电话给妈妈哭诉，说同学们欺负他。父母急匆匆赶到学校，请老师调查事情原委，却发现是小杰有错在先。于是，从这学期开始，父母决定不再让小杰做寄宿生了。

事因分析

人的一生有许多转折点，每一个转折点对人的成长、发展都会有很大的影响。面对转折点采取什么样的态度，付诸什么样的行动，得到什么样的指点对成长至关重要。孩子从幼儿园到小学是一个很自然的过渡，而从小学到初中则是一个很大的转折点，并且这个转折点是孩子成长过程中一个非常重要的转折点。他们的成长既给家长带来一份喜悦，也让很多家长有了一丝忧虑和困扰。有相当一部分孩子在小学阶段的学习中成绩很优秀，但升入中学后成绩往往不尽如人意。

以上的两个事例所表现的情况，是典型的不适应初中生活所导致的。初中生正处在身体发育的第二高峰期，与此相对应的心理发育却具有不平衡性，反抗性、闭锁性都在潜意识中生长，因此，刚进入初中，不少孩子都不适应。这是为什么呢？

1. 生活环境的改变和家庭因素

许多家长只关注孩子学业上的提高，忽视思想品德及意志品质方面的培养和心理方面的指导，致使部分新生在遇到挫折时不能正确应对，从而使孩子产生心理障碍。

一般孩子在小学都是就近入学，吃住在家，生活上遇到的事情都有父母解决。有些孩子甚至由家人接送上下学，由家人整理书包。而进入初中后，孩子一般要到离家较远的学校上学，有的成了寄宿生，生活中的事情需要自理，面对这突如其来的变化，孩子们感觉到孤独和无助，面临依赖性与独立性的心理冲突。

2. 人际环境的改变

在中学这个新的环境中，同学关系更加复杂、多样。面对新的陌生的同学，如何与他们相处，如何融入新的班集体，如何克服自己的孤独感，是刚刚进入初中的孩子都要面对的很棘手的问题。与小学不同的是，孩子不再依赖老师与父母，交友心理特别强烈，他们害怕被孤立、不合群，害怕被集体或同学排斥。一些孩子在小学时是班上的佼佼者，心理上有优越感，而在初中这个新的团体中，个人的优势降低，这种落差使他们产生失落感、自卑感。

3. 学习方式不同

小学时，课程很少，没有什么学习压力。中学的课程设置由单一的数学、语文到多种学科齐开并重，这对刚进入中学的孩子来说是个很大的变化。小学课程设置虽然也有历史、地理、自然等科目，但考试科目以语文、数学、英语为主，因而学生学习目标比较集中，指向性也很强。而中学要开7门主要课程，加上体、音、美、计算机、劳技，共十几门课程。每节课换一个老师，开始孩子很新鲜，也不在意，但是对每节课的重点、难点的掌握对刚上中学的孩子来说还是很有难度的。哪些知识需要掌握，哪些只是需要了解，哪些一定要会运用，他们并不清楚。老师对学生自学能力的要求加强，一些学生出现学习方法与学习习惯的不适应，学习成绩开始下降，甚至出现学习焦虑症状。

对于孩子在学校的不适应这种情况，家长不要着急。

1. 要及时了解孩子的生理、心理变化及中、小学教育的特征差异，要让孩子知道他们是生活在集体中，要经常与老师和同学进行沟通和交流；在学习中要互相帮助，要有同情心，要宽容和包容别人；要有团队精神和集体感。

2. 家长要配合学校做好两方面的工作：一是帮助孩子克服依赖性，增强自律性，培养孩子自主、自理、自立的能力；二是要教育孩子肯为集体承担义务和责任，帮助他们较快地成熟起来。

3. 家长要指导孩子在学习中注意积累学习经验，在逐渐适应各科老师教学特点的基础上，形成个性化的、适合自己的学习方法。每个人的学习经历不同，心理素质不一样，接受知识、理解知识的能力有差异，因此要指导孩子在学习的过程中找出适合自己特点的学习方法。好的学习方法能有效地帮助孩子提高成绩，使孩子尽快适应中学的学习生活。

小贴士

面对一个新的环境，孩子要有一定的适应时间。根据不同人的不同性格，时间的长短会不一样。在适应的这段时间内，如果遇到了什么不顺心的事情，比如因为不适应，被老师批评，被同学讥笑，那么在他的脑海里就会产生这样的一条信息：老师和同学太可怕。面对如此情况，父母不要盲目地指责孩子，更不要在不了解他心理的情况下，强迫他回到学校，因为这样只会给他增加更大的心理压力。家长的正确做法是，慢慢地为他解答心里的疑惑，疏导他心里的堵塞。

青春期的困惑

　　进入花季的青少年面临的最大一个问题，就是如何处理男女交朋友的问题，这也是最令父母头痛的问题。当孩子升入中学以后，会经历一个异性吸引期，他们慢慢会发现异性同学的优点，于是，便渴望和他（她）交朋友，其实异性相吸完全是人类生理发育的客观必然，作为父母大可不必大惊小怪。

事例 1

　　倩倩在学校是一个品学兼优的学生，晚上刚放学回家，就被母亲叫到沙发前问话："最近做了什么不该做的'坏事'了吗？"倩倩皱着眉，半天想不起有什么不对的地方。于是妈妈又接着开口了："昨天有人看见你和某男生在书店的一个角落里'打情骂俏'，待了很长时间，后来你们俩又上公园去单独约会了很长时间，对此你不觉得过分吗？""噢，是那么回事……"倩倩刚要回答，就被妈妈的话打断："你小小年纪就谈恋爱，太不自重了，现在就如此，将来还了得？太不争气了……"面对母亲一连串的骂声，倩倩觉得如雷轰顶，她什么都不想辩说了，咬着牙，心一横："你爱怎么想就怎么想，爱怎么骂就怎么骂吧！"说完恨恨地冲出家门……

事例 2

莹莹从小是一个听话的孩子，什么事都听父母的。当她刚上初一时，不和男孩子说话，感觉和男孩子交朋友会影响学习。不知道怎么回事，到了初二，她开始喜欢和男孩子说话，并试着和他们做朋友，她感觉这样很开心，而且学习成绩也有所提高。一次她和一个男同学到公园里玩刚好被她母亲碰到，莹莹看到妈妈很害怕，她怕妈妈会误会她，可是妈妈并没有那么做，而是看到他们笑了笑说："莹莹，这是你同学吧，你们好好玩吧，我有事先走了啊！"

事因分析

　　进入青春期的青少年，生理上的急剧变化引起了心理上的一系列微妙而复杂的反应。异性间的相互交往及由相互吸引而产生的愉悦的情绪体验是一种良好的、积极的情绪体验，它不仅对身体健康有很大的影响，而且对整个心理活动都具有大量积极的生理效应，可激发人的潜能，使人敏捷活跃并奋发向上。

　　从发展心理学的角度说，青少年交异性朋友有一定程度的好处。

　　1. 异性交往是释放性心理能量，缓解性心理紧张的重要途径

　　亲近情结所蕴含的性心理需求，会在人体内部转化成为性心理能量。这种内在的心理能量要求得到释放，释放之后才能缓解心理上的紧张，达到身心健康。若得不到释放，人就会在心理上乃至身体上产生这样或那样的不适、焦虑、紧张和不安，甚至会生病。异性交往是释放性心理能量的重要手段和途径之一。

　　然而，在现实生活中，不少人有这样的误解：认为青少年男女之间不存在纯粹的友情，哪里有友情，哪里就有爱情。如果有一位母亲问女儿有没有男朋友，人们都理解为，她问的是有没有

恋爱对象。之所以如此，是因为在一般情况下，人们并不特别注意思考性心理需求问题，不注意对人的性生理需求和性心理需求做严格的区分，也没有注意到这两种需求的实现存在着广泛的不同步性。然而，这种混淆友情和爱情的理解，却在实际上妨碍青少年发展正当友谊。

2. 异性交往能够丰富人的个性

青少年异性之间的个性差异已经远远大出同性，孩子们若能在同性和异性中广泛地发展交往，就会对社会关系有更全面和更深切的体验，精神世界就会更丰富，这将使孩子的个性能够得到全面发展。反之，如果孩子的交往局限于同性圈子，心理发展就可能会有某种单向性和狭隘性的缺陷。

3. 异性交往有利于促进学习

据调查证明，在有男女同学共同参加的活动中，孩子们的异性接近需要得到满足，就会激发起一定的热情和内在积极性、创造性。比起只有同性参加的活动，孩子们参与有异性参加的活动时会感到更加愉快，也干得更加起劲、更加出色。

4. 异性交往有利于积累性别角色经验

总是局限在同性范围内活动的男女孩子们，往往会对异性接触产生某种神秘感和羞怯感。当需要进行这种接触时，难免会发生一定的困难。发展异性交往是消除上述神秘感和羞怯感的有效方法和途径，因此，学校应该为男女同学的正当接近和交往营造良好的条件。

小贴士

　　由于青少年性意识的觉醒，他们对异性不免产生好奇、关心、爱慕和愿意接近的心理与行为，都属于正常现象，家长不必大惊小怪或进行粗暴干涉，但也应该提醒正处于青少年时期的孩子区分友情与爱情的概念，并进一步告诉孩子，当你感到对方具有强烈的吸引力，产生愿意和对方在一起的愿望时，就应该引起注意，千万别越出友谊的界限，以免跨入早恋的误区。

缺少关心爱护

在许多家庭中，孩子都渴望得到父母的爱和关心，可父母除了物质上的给予外，一次又一次地漠视孩子渴望的目光，直到孩子出事之后才后悔莫及。

事例 1

一天上午，一家手机营业部内，16 岁的中学生小田走进来说要买手机，营业员热情地拿出一款向小田介绍。小田拿着营业员递来的一部手机反复把玩："我就买这个。"小田随后要求营业员把发票开好。当营业员转身开发票时，小田转过身猛地冲出店门迅速逃跑。"有人抢手机啊！"营业员反应过来，忙冲出大门一边追一边大喊。不久，小田就被抓获。当警察问小田为什么抢劫时，小田竟吐出一句令人震惊的话来："父母对我不够关心，我想以此引起他们的关注。"

经了解，小田的父母都在外打临时工，每个月收入也就 1000 多元钱，由于生活、工作压力太大，没时间关心孩子，小田就由家中老人照顾。在忙于生计时，父母和孩子之间关系越来越疏远，最终造成了小田的铤而走险。

事例 2

赵先生是赵能的家长，一天，赵能上课不认真听课，又不做作业，老师打电话与其爸爸交换意见，他爸爸说："他从小就是这么混大的，现在学不进去，我们大人也没辙啊！"老师听了无言以对。

事因分析

近年来，新闻媒体常常报道一些发生在孩子身上的抢劫、杀人以及自杀的严重事件，令世人为之震惊。此外，频发的逃学、家庭暴力、闭门不出等问题，也使不少家长深感烦恼。

一旦发生了上述问题，社会上必定会响起权威人士的一片呼声："必须更严厉地管束孩子！"但是，面对惹是生非的孩子，家长不去寻找真正的原因，而是马上开出"高压"的药方，这是许多成人通常的做法，然而效果如何呢？答案是只能导致这种现象越演越烈。

孩子的心是细腻的、脆弱的，他们经不起父母一次又一次的欺骗。随着工作节奏不断加快，竞争压力日益增大，许多家长不得不将更多的时间和精力投入工作，导致他们无暇顾及甚至忽视对孩子，尤其是对处于青春期孩子的教育和指导。他们常常多给孩子一点儿零用钱，有时自己不回家煮饭，就叫孩子到外面吃快餐！长此以往，孩子得不到父母的管教和关心，开始变得贪玩，放了学也不回家，常常不是在网吧上网聊天、打游戏，就是放学和同学一块出去玩，直到很晚才肯回家。等孩子沉迷于上网，学习成绩一落千丈，常受到学校老师的批评时，父母不去从根本上查找原因，而是严厉斥责孩子，甚至用暴力行为教育孩子。有关专家作出统计，那些在社会上有扒窃、行骗等行为的孩子，90％是因为被父母忽视、父母离异、缺少爱等现象造成的。

在现实生活中，我们看到太多的父母只顾埋头挣钱，他们要给孩子一个衣食无忧的未来。但他们却忽略了孩子有一颗敏感的心，他们渴望正常的父爱和母爱。所以，家长应多抽出时间陪陪孩子，不要让孩子成为一棵无人关心的"野草"。

上海市心理咨询中心完成的一项调查显示，现在的孩子同自己的父母越来越疏远，甚至从不与父母交谈。

该调查数据显示，约有 69％的学生感到无法与父母交流和沟通，对于成长过程中遇到的困惑、烦恼等问题，42％的学生认为难以与父母交流，27％的学生表示从不与父母交流。

据另一项调查显示：50％以上的留守儿童 1 周与父母联系 1 次，20％的儿童与父母 1 个月联系 1 次，甚至有不少是几个月才联系 1 次，很少有身在外地的父母经常回家看孩子，多数留守儿童只有在生病、生日、过年的时候才能见到父母，连吃顿团圆饭也成了孩子心中最甜蜜的回忆。在"最想对父母说的话"中，很多孩子写下了类似的话语："我好希望你们能回到我身边，照顾我，教我功课。""爸爸、妈妈，请多关心我，不要为工作忽略了我。"

在孩子的生长发育过程中，除了生理需要外，其心理需要也必不可少，这样才能确保孩子的身心都能够得到健康、和谐的发展。一般说来，孩子的心理有以下几种：

1. 渴望父母的爱

人的一生一般都要经历三种爱：亲人的爱、朋友的爱、配偶的爱。而孩子最先接触的就是父母的爱，在出生的那一刹那就有了。父母的爱是培养孩子良好品德和行为的感情基础以及和孩子沟通的桥梁，没有这种爱，父母和孩子之间就难以沟通，更谈不上教育，只有充分地感受到父母的爱，孩子的身心发展才能获得源源不断的动力。

2. 被父母重视

父母的重视是孩子前进的动力，一个已经被铁锈腐蚀的孩子，在父母正确的重视下，会走向光明。一个被太阳照耀的孩子，失去父母的重视，也会走向黑暗。

3. 鼓励和赞赏

鼓励和赞赏是孩子成长过程中的"维生素"。父母应适时地给孩子一些鼓励和赞赏，只有这样，孩子才能够从父母的态度、微笑和话语中，深切地感受到自身的价值和父母的爱意，从而增长活力。

4. 需要帮助

当孩子遭遇挫折、烦恼时，由于缺乏独立生活的能力，对父母的依恋颇深，很需要父母的帮助，他们总希望父母能和他们站在一起，支持他、鼓励他、安慰他，令他有安全感。

5. 表现欲

表现欲是每个年龄段孩子都有的心理，只不过随着年龄的增长程度会不同。当孩子的这种心理需要得到满足时，便会产生一种自豪感，这会推动孩子信心百倍地去探索新问题，获取新知识。

6. 父母的信任

孩子一旦得到父母的信任，就会产生一种责任心，这种责任心会促使孩子认真地对待每一件事情，有利于开发自身潜能。

7. 被父母接纳和尊重

到了一定年龄，孩子就会渴望平等，渴望从父母的依赖中解脱出来，并希望父母重新认识和接纳自己，不再把自己当小孩子一样管着，他们希望从父母那里得到平等的、朋友般的地位。这是一种正常的心理需求，也是其由儿童向成人发展的必经之路。

8. 独立心理

随着孩子思维能力的增强，其独立意识也日益增长，遇事喜欢用自己的内心去感受和体验，并喜欢自己拿主意，这是一个人逐渐走向成熟的表现，此时家长要做孩子的朋友，适当引导，放手让孩子去实践，使孩子在独立处事中获得自主发展。

小贴士

随着社会的进步，社会也变得越来越复杂，作为父母，对处在这个时期的孩子应该多加关心，不能因为客观因素而忽视与孩子的心理沟通和情感交流，否则将会影响孩子的健康成长。对孩子来说，要获得心理的和谐发展、潜能的充分发挥、人格的健康塑造，接受家庭的教育至关重要。

当发现自己的孩子有某种不好的行为时，父母先不要急着责备他们，而是应该先听听他们的理由，了解他们的心声，找出问题的症结后，再进行处理。或许到那时你会发现错的不是孩子，而是作为父母的你们，因为你们忙于工作，疏忽了孩子。

因此，如果必须外出工作，那么就要选择孩子感觉最亲、最信任、血缘关系最近的家庭，尽可能把子女寄放在较有文化，且有一定责任感，能更好地监督和指导孩子的亲朋好友那里。在出门前的一段时间内，家长要与临时监护家庭保持密切来往，给孩子一个过渡期。

如没有相当可靠的监护人，父母最好留一个人在家里照顾孩子的学习和生活，保持家庭教育的相对完整。同时，外出前家长应主动与任课教师、班主任联系，向老师说明情况，委托老师多管教和关心孩子，外出后也要定期与老师联系、沟通，共同商讨教育的策略与方法。

对考试的恐惧

考试是青少年时期孩子们最害怕的一件事情，他们这种心理的产生，不是对考试本身的害怕，而是对父母的害怕。因为他们肩上承载了父母太多的希望，他们怕一旦考砸了，迎接他们的不仅仅是父母的谩骂和责备，还有父母深深的失望和叹息。因此，作为父母有必要反省一下自己的教育方式，否则，你的意愿就会和效果背道而驰，严重的还有可能带来不幸的后果。

事例 1

秀秀一直都是三好学生，老师和家长都希望她能考上一所重点中学。可不知为什么，到了毕业班的下半学期，每次大考都不理想，只有 70～80 分。秀秀非常紧张，家长也非常着急，认为这样下去是不可能考上重点中学的。秀秀说："现在一提考试，我就紧张得不得了，发挥不了平时的水平。"据秀秀的老师介绍："孩子平时的成绩和作业都很优秀，在 90 ~ 100 分，只要老师不提考试就能答得很好。"

事例 2

　　芳芳上小学时，成绩挺好，还考上了重点中学。可上初一就像变了个人，以前爱笑爱唱的她变得沉默寡言了，一天到晚地写作业、看书，可一到考试她就发晕，出虚汗，考试成绩自然不好，几乎都是倒数第几名。最近新开了一门物理课，第一次测验全班都考得不好，老师当堂点评，每道题都讲评了，下午老师让大家重考，可没想到，她比第一次考得还糟，在班上彻底垫底了。上初中 1 年多，父母想尽一切办法，可芳芳的成绩依然没有一点儿起色。

事因分析

以上事例都展现了典型的"考试焦虑症"，又被称为"怯场"。心理学认为，考试焦虑是一种对考试恐惧的反应。适当的焦虑可以给孩子一些心理压力，提高思维的张力，成为学习的动力，但是过度的考试焦虑则会降低考试效率，使"应考能力"下降，甚至会使孩子身心健康受损。

怕考试的现象确实十分普遍，无论是好学生还是差生，都在不同程度上存在这个问题。比如：好学生总对自己要求过高，总怕考不好，达不到自己的目标丢人现眼；成绩一般的孩子介于不好与好之间，对有些知识点掌握得不牢固，理解得不透彻，再加上自己的底气不足，总是徘徊在模棱两可之间，担心自己掉到后进生的队伍中去，所以压力特别大；成绩不好的孩子，本来对考试已无所谓，但因考不好就要挨打挨骂，所以产生巨大的恐惧，对自己一点儿信心都没有，更何况每考一次，就像揭他们的伤疤一样，让他们一次又一次在同学面前丢脸，于是为了能缓解这种压力他们往往选择"逃考"。那么，造成"考试焦虑症"的原因是什么呢？

陪孩子走过人生关键期

1. 过高期望

中国的很多父母都视孩子为自己理想的传承人和事业的继承人，他们望子成龙，望女成凤，总是要求孩子们的成绩步步提高，一旦孩子考试考砸了，父母不是指责就是打骂，久而久之就会让孩子产生焦虑心理。

2. 过多责罚

在目前的教育方式中，很多家长和教师都是恨铁不成钢，责怪多过于鼓励，这对不少孩子都造成了"遗憾"，一些孩子因此产生了自卑心理，挫折承受力较差。此外，很多家长习惯把孩子视为自己的私有财产，不把他们当成一个独立的个人，在自己为孩子定下的高期望和高目标达不到时，就会随意处置自己的"私有财产"，打骂、指责、抱怨，甚至是关禁闭，任意妄为。有时，父母也会随意向孩子发泄情绪，而忘记了教育的初衷和应该注意的方法。没有原则的责罚在不知不觉中摧残孩子的心灵，导致孩子心理发生问题，逼着他们寻求网络等其他满足心理需求的途径，最终导致孩子心理发生扭曲。

3. 过度干预

很多父母为了使自己的孩子学习更好一点，不仅干预孩子们的学习，其他的种种行为也要一一过问，甚至上厕所都不例外。

家里俨然成了监狱，在孩子心目中父母就像监狱长。于是，孩子心灵成长和自由生活的空间越来越小，孩子逐渐变得很无奈。

4.过分焦虑

面对孩子每次考试的恐惧和焦虑，家长要做的就是积极倾听孩子的想法和感受，无条件积极地关注以及平和地接纳，帮助孩子提高识别和表达焦虑感受的能力。但现实情况恰恰相反，父母反而比孩子更加焦虑。本来孩子对考试并不恐惧，却因为父母的不停督促和唠叨，反而变得没有信心，一到薄弱科目的考试就如临大敌，不能正常发挥，结果适得其反，越考越糟。

小贴士

考试不仅是对学生所学知识的检验，也是对学生乃至家长心理的考验。家长的心理状态会直接影响孩子的情绪。有的家长生怕孩子不好好复习，将来考不好，整天在孩子耳边唠叨：现在条件多好呀，我们为你付出多少心血呀，你要是考不好对得起谁呀？有的家长正好相反，什么也不敢对孩子说，生怕哪句话刺伤孩子。有的家长什么事都不让孩子做，怕浪费孩子的时间，等等。这些小心翼翼的做法，都让孩子感到无形的压力。

　　家长的正确做法是培养孩子的自信心，让孩子有机会去做一些自己想做的事，并通过自己的努力克服种种困难，最后成功了，孩子就会逐渐认识、了解、承认自己的能力。在这个过程中，还需要家长给予孩子信任、肯定和鼓励，这样孩子才会相信自己的能力，强化自己的行为，不断努力增强自身的抗挫能力。

考试作弊

　　"作弊，是因为怕你说我没出息。"这是许多考试作弊孩子的心声，也是孩子对自己失去信心的表现，作为父母的你们却从来没有意识到这一点，只知道看学习成绩，成绩好就一味地迁就，成绩不好就惩罚打骂。高考看成绩，考公务员看成绩，就业看成绩，孩子想在老师和同学的心目中留下好印象，不想被别人歧视，想上好学校，又怕家长的惩罚，在这样的环境之中，如果没有较高的觉悟、良好的思想素质，作弊就是不可避免的了。

事例 1

　　在一次数学期中考试之后，王老师在改卷中发现，5 位学生的试卷有 3 个大题解题过程十分相似，并且

都得了满分。王老师知道：这5人当中只有1人数学
成绩较好，可能得满分，而其他4人基本上是不可能
得满分的。通过了解，这5人平时关系较好，在考试
时她们的座位又是靠在一起的。因此，王老师判断她
们在这次考试中存在作弊嫌疑。

王老师在班上公布了他的判断后，并没有指出这
几个学生的名字，他只要求这几个同学下课后来找他
说明情况。下课后，那5个同学都来了，并主动向老
师承认了错误。当老师问她们为什么要作弊时，她们
说："老师，我们怕别人瞧不起，我们也想考好些。"

事例2

期末考试时，姗姗考试作弊，被老师抓了个正着。

妈妈听说后伤心地说："你看你那出息样儿，我
是怎么教你的啊，你这样让我在别人面前怎么抬得起
头，说我女儿这次考试又是班上第一吗？……"

"就是因为想考第一，我才作弊的。你知道吗？
每次你都这样说，我才考不好的。考试之前，我努力
地做功课，想要考个好成绩给你看，想让你说我有出

息。可是，每当考试时想到你说的那些话，我就不自信了，因为我怕答错，所以改了又改，最后不确定只好作弊了。"姗姗说完哭着跑回了自己的房间。

事因分析

由于中学生的自我意识发展较快，又具有强烈的自尊心，所以，在公众场合，他们总希望得到别人的认可，并渴望在伙伴中获得一定的地位。但与此同时，他们的价值观念尚未成形，价值取向不够准确，往往以得到同学们的羡慕和尊重、老师的表扬为最大光荣，而对"真、善、美"的领悟较肤浅，由此产生虚荣之心。面对考试成绩，优等生希望锦上添花，中等生希望一展拳脚，差生不图虚荣，却希望摆脱同学、师长的冷遇，父母的鄙视。于是，必要时刻，只要有机会作弊，他们会毫不犹豫地选择达成目的的"捷径"。

"作弊"是不少人遇到考试不会时的第一个想法，那么导致孩子作弊的最大责任人是谁呢？或许有人会毫不犹豫地说是父母。不错，父母对自己的孩子期望过高，把孩子当作赢得虚荣心的工具，并不时对孩子讲出一大堆道理，要求孩子用最好的成绩来回馈他们，造成孩子沉重的思想包袱，孩子在别无他法的情况下，为了满足父母那可怜的虚荣心，只好铤而走险。

适度的期望有利于增强孩子的自信心、进取心，是进步的动力。可有的父母遇到具体问题时，常用自己有限的人生经验作为儿女成长最权威的指导手册，尤其不愿看到儿女去重复自己曾经的遗憾，许多父母知道自己缺什么，所以活得很累。于是，他们就让孩子去完成自己当年不曾达到的愿望，因此，对孩子学习分数看得很重，也抓得最紧。

俗话说："希望越大，失望越大。"久而久之传给了孩子这样一条信息："如果考不好就是没出息。"面对如此信息，孩子因心情紧张就更难以考好。一次考不好，两次考不好，多次考不好后，他们便会对自己失去信心，最后的出路就是作弊。他们想以此来换得家长的肯定。一个中学生在他的一篇文章中写道："爸爸，你可知道我有多怕考试，每次考试总怕考不好，为了不让你伤心，考试时只要不会我就想抄，这样拿到高分，好让你高兴。其实，你不知道，这样换来的笑容，已经压得我有些喘不过气来了……"

孩子们的这些话，难道不能引起我们的反思吗？

小贴士

孩子作弊是由多种原因造成的，其中有孩子自己的原因，也有家长的原因。作为父母，面对孩子的作弊行为时，首先要反思自己的过错，然后再具体分析原因。不要急于责备孩子，责备只会让他无地自容。可以给予精神上的安慰，如告诉孩子："成绩虽然重要，但它不能代表一切，只要尽力即可"，也可以帮助孩子找出学习上的差距，使其在没有心理负担的情况下提高学习质量。只有这样，才能帮助孩子彻底与作弊现象分手，并走上健康的成长之路。

有了喜欢的对象

中学生的任务本来应该是学习，但进入青春期后，有些青少年会主动接近自己喜欢的异性，双方频繁交往，相互倾心，最后导致恋爱的发生。

事例 1

婷婷平时一直很听话，学习成绩也还不错。可在初二时，一个喜欢她的高年级男同学经常找她出去玩，婷婷妈妈发现女儿有早恋的苗头，教育女儿说现在年纪还小，不适宜早恋，婷婷也很懂事地答应她不再为此事而影响学习。后来，这事被她父亲知道了，生气的父亲酒醉后打了婷婷。婷婷哭泣着摔门而去，临走前冲母亲说："很多同学都有对象，为什么我就不能谈恋爱？"

事例 2

　　小倩 16 岁那年，在学校的操场上，看见了正在打篮球的高大英俊的高年级同学鹏，并对他一见倾心，鹏看见小倩时眼睛也是一亮，于是他们交往了，而且关系越来越好。在一个晚上，鹏吻了小倩，从此小倩的心就不再平静。她整天胡思乱想，成绩越来越差，鹏也很着急，他让小倩定下心来，可小倩却无法控制自己。期末考试了，小倩万万没想到自己居然有两门课不及格。成绩一向很好的她落得如此地步，她后悔了，然而那颗少女心却总是不能平静。新学期开始了，小倩打算抛开一切，认真学习，可没几天，与鹏的接触又使小倩魂不守舍，没有心思学习了。

事因分析

在当今社会里，少男少女之间那种朦朦胧胧的感情不断升温，不少初中生竟也被丘比特之箭射中，这成了一个值得关注的社会现象。

以前，被教师和家长称为"早恋"的情况大多发生在高中，而今，这种"亲密接触"在初中生里也时有出现。如果说，从前的初中生即便对异性同学有好感也大多放在心里，现在的孩子则会大胆表现出来。孩子们早恋的原因有哪些呢？

1. 生理因素

生活富裕营养好，加上吃含有激素的保健品或快餐，使如今的孩子普遍早熟，女生大多在初一进入青春期，有的甚至在小学5年级就有了月经初潮，这比10多年前的孩子要早一两年。

2. 缺少家庭温暖和爱护

这种情况常见于父母感情破裂、离婚、受继父继母虐待，或父母双亡寄人篱下得不到温暖，孩子生活在一个冷漠、压抑甚至受辱的环境里，于是，渴望得到他人的温暖，而异性的抚慰正可以弥补这一点，朦胧的情愫使他们尝到了爱情的甘甜。

3. 心理上的"断乳"、与异性交往的需要是早恋的心理原因

随着青春期的来临及性的成熟，中学生的思想、性格、情感急剧变化，并进入"第二次断乳期"。在这一时期，他们渴求友谊，希望交朋友以倾吐心中的烦恼和迷惑，但由于他们的心理是

半幼稚半成熟的，是非观念不太强，分不清什么是"友谊"、什么是"爱情"，所以，其中的意志薄弱者、认识模糊者就发展成为早恋。

4. 影视作品、流行歌曲的影响

现在的电影、电视剧大多以谈情说爱为内容，婚外恋、第三者、露骨的镜头比比皆是，几乎是"无爱不成戏"。如今的初中学生是看电视长大的一代，他们模仿力很强，于是，荧屏中的"调味品"成了早恋的"催化剂"。

5. 性格软弱、虚荣心强

这部分人以女生居多，她们从小娇生惯养，依赖性强，找了男朋友便觉得有了依靠，她们把自己附属于一个男孩，因此很容易成为男生的爱情俘虏。而那些女生，大多出于强烈的虚荣心，使她们乐意接受男孩子的殷勤、赞美以及小恩小惠；有的学生则是出于"攀比"心理而走上早恋的，她们看到自己的同龄人有了男朋友，于是自己也不甘落后。

6. 家庭和学校的教育不当是中学生早恋的客观原因

来自家庭方面的因素主要有：家长望子成龙、望女成凤心切，只关心孩子的分数，忽视他们生理、心理的变化；对孩子的管理教育采取粗暴专制的态度，对孩子的交往横加干涉，使他们产生逆反心理；对孩子的教育放任自流，缺乏必要的指导，这些原因造成孩子和家长缺乏良好的沟通交流，孩子深层次的需要在家庭中得不到满足，只好在家庭以外的异性朋友那里寻求。

来自学校方面的因素主要有：学校重智轻德，片面追求升学率，任意削减活动课程，校园文化单调，校园生活枯燥，使中学生过剩的能量得不到正常的释放。对性教育的认识不足和保守，使性教育在大多数学校得不到正常开展，而中学生对性问题又急于了解和渴求，那么，电影、电视、报纸杂志等有关性场面的描述就填补了这一空白。

7. 受环境熏陶，感情丰富

这些孩子由于喜爱文学，受到环境熏陶，感情丰富，多愁善感，喜欢用书中、歌里的浪漫情节来类比自己的生活，效仿艺术家笔下的主人公，追求理想的爱情，加上他们有某方面的才华，常被异性羡慕，故很容易获得爱的信息。

小贴士

对于青春期中孩子的早恋，父母一定要正确地引导，要做到晓之以理，动之以情，循循善诱，指导他们正确对待异性，用道德的力量和自控能力驾驭自己的感情。切忌动辄批评，甚至不分青红皂白地训斥、苛责、打骂和当着同龄人的面羞辱他们，这样做的结果不仅会使孩子遭受很大的精神痛苦，而且还难以从根本上解决问题。

肥胖的困扰

随着经济的发展和社会的进步，肥胖孩子越来越多，这也引发了一系列的问题。虽然问题都不严重，但也给他们带来了很多烦恼。这个问题有必要引起家长的重视，否则，肥胖的身体不仅会在生活、学习中给孩子带来不便，还会使其心理受到伤害。

事例 1

圆圆是一个很矮、很胖的孩子。同学们常常嘲笑他，叫他"矮冬瓜"，有时还要欺负他，打他一顿。圆圆很不服气，常常想去跟老师说。可是，圆圆觉得自己都是中学生了，去办公室没有面子，就一直没有告诉老师。同学们看见圆圆不告诉老师，越发爱捉弄他。圆圆一忍再忍，实在没办法了，才告诉了老师。老师虽然批评了那些同学，但圆圆受捉弄的事还是时常发生。

事例2

小朱 15 岁了，身高只有 1.5 米，体重却有 47 千克。由于体态胖，小朱的妈妈经常说他"长得像个猪"，而且每次吃饭时，妈妈就要说一遍"你要注意饮食"，说得小朱的头都大了。小朱锻炼过，也控制过自己的饮食，但他正是青春期长身体的时候，所以饿了还是忍不住想吃，不过小朱每天晚上下晚自习回家几乎不吃东西，有时只吃一个水果，可也没减掉体重。他很害怕自己将来既长不高，又很胖……小朱很苦恼，也很自卑。

事因分析

从上面的事例可以看出，肥胖给孩子们带来了很多烦恼。事实上，这些只是表面上能够看见的危害，有些是完全能够制止或避免的，而那些隐性的、会给孩子身体带来的危害却是人们不易看见的和难以防备的。

据国外的研究报道指出：与非肥胖儿相比，肥胖儿的饮食习惯偏向高盐、高糖和高脂肪，加上他们普遍喜静不喜动，因此患高血压、高脂血症、高血糖的风险也相应增加了。

另外，相对于体重正常的孩子，肥胖儿体内脂肪含量高，容易出现夜间睡眠呼吸暂停综合征，降低睡眠质量，进而影响注意力和记忆力。除此之外，肥胖儿的协调能力、运动能力相对较弱，也容易出现自卑、焦虑、抑郁等心理问题。

对男孩子来说，肥胖男孩易出现前列腺发育萎缩、睾丸萎缩，形成小睾丸、小阴茎，使孩子生殖器发育停留在儿童期，到了成人期可能出现性功能障碍，严重者无法生育；肥胖女孩往往月经初潮提前发生、成年后易出现排卵障碍、卵子发育不良，雌激素和孕激素大幅度降低乃至消失，从而导致不孕。既然肥胖有这么多危害，那么那些孩子的肥胖到底是怎样形成的呢？

1. 遗传因素，如果父母肥胖，那么其子女的肥胖发生率远高于非肥胖父母的子女。

2. 进食过多，这是现代孩子发生超重和肥胖的主要原因。由于家庭经济收入的增加和生活水平的改善，家长对孩子的宠爱程度令人不敢想象，基本是尽可能地满足孩子的愿望和要求；随着食品加工业技术的发展和进步，一些高热量、高糖、高脂肪的食品大行其道，其色泽、口味、包装等对孩子的诱惑力极大，而孩子尚未成年、缺乏自制能力，对食物的选择和进食量都没有足够的自控能力；再加上许多家长缺乏饮食营养方面的一些常识，所以孩子的超重和肥胖无法避免，家长对此是责无旁贷的。

3. 体力活动不足，这也是孩子超重和肥胖的重要因素之一。孩子受家长娇惯，很少做家务活；学习上压力大、功课紧，养成了长期静坐的习惯，除学校体育课程外很少参加其他体育锻炼。再加上现在交通极其方便，外出坐车、上下楼乘电梯，缺少锻炼的生活方式减少了能量的消耗。

4. 不良的饮食习惯。孩子挑食和偏食现象严重，一日三餐搭配不合理，漏餐后进食量增加等，这些对孩子的肥胖会起到推波助澜的作用。

无论肥胖的起因是什么，它都可能成为一种恶性循环。孩子越胖，就越难以多参加锻炼和各种运动；越不运动，就越会有更多的能量变成脂肪，贮存在体内。这种恶性循环还表现在另外一个方面，由于体胖而不便参与活动的孩子越发觉得自己像一个局外人，而且更容易受到别人的取笑和嘲弄。

小贴士

　　对家里有胖孩子的父母来说，帮助孩子减肥不要急功近利，千万不要让孩子尝试那些对他们的生长发育有害的药物或断食措施，而应着重于帮助他们建立健康的饮食习惯和生活规律，动员孩子树立减肥的信心及坚持的信念；让孩子意识到均衡饮食的重要性，并帮他们合理安排乐于接受的均衡饮食方式及内容；向孩子推荐并督促他们进行利于减肥的体育锻炼，如游泳、慢跑、跳绳等。

不和睦家庭的影响

科学家发现，孩子的身心发育受家庭环境影响甚大，不和睦的家庭会影响孩子的生长发育。英国流行病学专家蒙哥马利领导的小组曾对英国 149 个家庭的孩子的健康状况和生活方式进行一项调查，发现孩子发育同精神健康之间有密切的关系。这个发现对一些擅长"酣战"的家长们敲响了警钟。

事例 1

16 岁的阿芳晚上做完作业之后就上床睡觉，可睡到半夜又被隔壁父母的争吵声惊醒。母亲歇斯底里地吼叫后，房里平静了片刻，接着就听到东西被摔碎的声音。阿芳有些害怕，走出房门，看见父亲拽着母亲，两人厮打在一起……目睹了这一情景的阿芳，下意识地捂住自己的胃，跌倒在地。

父母这才停止打架，一起将女儿送到附近的医院。医生询问了阿芳事发经过，准备找其父母谈谈，可两人显得很不耐烦，不愿多谈。

阿芳还说，其实这种情况也不是第一次，父母吵架频繁，每次她都会感到胃痛，但事后检查也没有胃病。

医生告知阿芳的父母：胃是人体最大的情绪器官，人在紧张、生气时容易出现胃痉挛和腹痛。孩子的潜意识是不希望父母吵架，故以胃痛来转移他们的注意力。所以，你们尽量换种方式解决问题，避免当着孩子的面打骂，以免影响孩子身心健康。

事例 2

莉莉 15 岁了，以前从未出现过严重的健康问题，但近期她变得焦躁不安、性格孤僻，还深受胃痛的折磨。莉莉的母亲带莉莉来到医院，在医生的询问下，莉莉母亲说出了她的病根。莉莉母亲说："我们的家庭一直处在一种压抑状态——我认为自己的丈夫在外面有外遇，我们经常大吵大闹，我的丈夫经常睡在沙发上，家里的气氛冷到极点。"在医生的极力劝说下，这对夫妇接受了心理咨询。虽然这并不能帮他们解决所有的分歧，但从此这个家庭恢复了一些昔日的平静，而家庭氛围的变化对莉莉的胃痛竟然产生了神奇的功效。

事因分析

日常生活中，夫妻之间难免有各种冲突，很多夫妻如遇争端，都会选择避开孩子，但是，还是免不了会被孩子发现。长期生活在"硝烟弥漫"的家庭中，除了攻击性显著增强外，孩子的情绪、性格发展都会出现扭曲。

1. 对孩子智力、性格和身体发育都有不良影响

对孩子来说，父母是他最可靠的依赖对象。父母在孩子心中是最伟大的人，如果父母之间的关系紧张，这种紧张也必然转移到孩子的心灵上，从而使他感到不安和忧虑。有些孩子的父母不能很好地控制自己的情绪，一遇挫折或不顺心的事，便牢骚满

腹，甚至互相打骂。父母那种气势汹汹的样子，尖厉的叫骂声，充满仇恨的语言，都会让孩子觉得害怕，感到无助，长期处于这种情绪紧张的环境中，就易引发各种心理疾病。

据专家讲，孩子长期处于父母不和的家庭环境中对他们的影响非常深远。即使是并不严重的家庭暴力，比如父母冲突，也会使孩子睡眠质量下降，睡眠时间缩短以及负面情绪增加。孩子对家庭成员的关系十分敏感，很小的孩子就能感受到父母之间的冷战。父母敌意和冷漠的情绪往往最容易影响孩子。长期处于父母不和的家庭环境中的孩子常常出现害怕、恐惧、伤心、恼怒的情绪，在行为上常表现为自卑、焦虑、易发脾气等。

国外曾公布一项研究报告称，孩子和经常吵架的父母生活在一起，或来自破裂家庭，其个子极可能较矮。生长缓慢的孩子可能会产生由心理压力所致的心理障碍，并且这种障碍将影响其一生。

研究人员认为，家庭冲突对孩子造成不断加剧的伤害，最终导致其一生中健康问题的不断累积。

2. 引发孩子的抑郁症

孩子也会发生抑郁症，不少孩子将忧郁积压于心，成为一名小小的"抑郁症儿"，具体表现为情绪低落，郁郁寡欢、反应迟钝，食欲不佳。抑郁症多与父母的吵架有关，如果父母对孩子漠不关心，或父母离婚，均可能导致孩子患上抑郁症。预防、治疗此病的最好办法是父母、亲人多给予孩子关爱，积极主动与孩子交流，家庭和睦温馨。

3. 父母在孩子面前吵架，有损父母的形象

吵架时双方不免互相指责对方的弱点和缺陷，当情绪强烈冲击，夫妻吵架时往往吵得脸红脖子粗，常常把孩子吓得不知所措。夫妻俩吵得投入的时候，根本顾不上理会孩子，对孩子的哭喊、恳求也听而不闻。孩子误以为爸妈不要自己了，倍感伤心和无助；而看到自己认为最亲密的人之间也针锋相对，孩子会感到自己认为最安全的避风港也不复存在，内心肯定会涌起深深的恐惧。

4. 错误社交技能

每个人的社交技能不是天生的，而是在日常生活中学来的。夫妻之间出现了意见分歧就吵架或者打架，往往使孩子误以为吵架、打架是解决问题的好办法，不知道应该克制自己的怒气，不会采用其他的、真正有效的办法解决冲突。

5. 提供攻击坏榜样

孩子模仿能力很强，父母吵架时的神态、姿势、语气语调、

用语都有可能被他学到。日后小孩子在游戏时，或者对自己的朋友说话时，都会用上他平常从父母那里学来的粗话、脏话。

小贴士

父母是影响孩子一生的人，言行举止都将带给孩子最好或最坏的示范，所以要小心处理生活中的每个细节，给孩子做最好的榜样，让他们的心智都能得到良好的发展。当你发现自己的孩子突然变得不可理喻，那么你首先该检讨自己平时都做了些什么，说了些什么。你需要为了孩子改变自己的不良行为，为孩子的健康成长提供一片温馨的土壤。

离家出走

　　离家出走，是青春期孩子对父母或学校进行抗争的一种极端形式。孩子们离家出走的主要原因是得不到父母和老师的关心和理解，心理压力过大。法国著名启蒙思想家、哲学家、教育家卢梭曾经说过："教育必须顺其自然，也就是顺其天性而为，否则必将产生本性断伤的结果。"

事例 1

　　梦雨家庭生活优越，被宠得像小公主，但就是不爱学习，成绩在班里处于中下水平。在家备受宠爱的梦雨，老师却并不喜欢，家访时和她的父母说了不少缺点，希望她的父母对她严加管束。

　　一天，梦雨的爸爸下班回家，还没进屋，就听见喧哗的音乐声，原来梦雨把很多同学请到家里，正在聚会。爸爸一气之下把音乐关掉，把同学们全赶走了。梦雨非常生气，说爸爸不尊重她，并摔门扬长而去，而且一走就是 3 天。这期间父母把她可能去的所有地方找了个遍，都没有梦雨的影子。3 天后，梦雨回来了，但对于自己去哪儿了闭口不谈。她还警告父母说："如果你们再对我不好，我还走！让你们永远都找不到！"

事例 2

月月是一位中学生。一天，月月的爸爸发现她书包里有一封情书，非常生气，厉声要她"坦白交代"，月月却缄口不言，她爸爸一气之下打了她一巴掌，月月捂着脸就跑了出去，当晚一夜没有回家。她的父母吓得又是报案又是寻找，第二天才把她从同学家找回来。从此，女儿变得沉默寡言，情绪低落。她的父母怕她再次离家出走，既不敢问那封情书的来源，又对她的情书感到困惑，心里始终忐忑不安。

事因分析

16 岁左右的青少年正处于生长发育期，由于年幼无知和独立意识的增强，非常容易产生"冲动"心理，以上的事例就证明了这一点。

青少年离家出走，给家庭、社会和本人都带来不少风险。孩子出走后，家长和老师承受的精神痛苦是难以想象的。有的家庭不堪重负，家徒四壁；有的家庭家破人亡，惨不忍睹。而对于孩子本身，既荒废了学业，又影响了身心健康。那么，造成青少年离家出走的原因有哪些呢？

1. 家长的娇宠

由于家长一味迁就，孩子对学习、家庭和社会没有责任感，老师和家长稍微没有顾及自己，就认为失了体面，便以出走相威胁。

2. 与家长的矛盾冲突

粗暴的教育方法和代沟冲突是导致孩子出走的重要原因之一。有些家长和老师教育方法简单粗暴，不讲究教育的方法与方式，孩子出现问题之后，便不分青红皂白施以粗暴的打骂、斥责，使孩子产生"破罐子破摔"的想法，加上双方缺乏沟通和交流，矛盾不断产生和升级，导致孩子长期生活在感情缺失的环境中，感受不到快乐和温暖，以至于愤而出走，甚至走上违法犯罪的道路。

据统计，在出走案例中，有57.5％的孩子是因为与家里闹了矛盾而离家出走的，出去的目的就是为了躲避父母。

3. 武侠、神话或科幻电影及小说的影响

一些少年由于看了武侠小说、传奇文学，便盲目崇拜那些武艺高超、浪迹天涯的英雄人物，于是离家出走，模仿心中的偶像去"闯江湖"。

4. 外面世界的影响

由于中学生正处在一个充满幻想、好奇心强的阶段，对外面的世界充满憧憬，学业的繁重使少年无暇顾及外面的精彩世界，但年轻的心又无法抵御来自外界的诱惑，因此便拿了父母的钱到外面去开眼界。他们与父母并没有什么矛盾，只是想出去看一看、玩一玩，由于怕父母不同意，于是只好不辞而别。

5. 具有盲目从众心理

当媒体披露因片面追求升学率造成一些学生压力太大而离家出走的消息后，有的学生就加以仿效，以为是解脱的好方法。

从众心理本是一种正常的现象，但若盲目从众，将有百害而无一利。

小贴士

　　家长一定要随时关注青少年的心理问题，及时进行有效的疏导或请有关专家做必要的心理辅导，切不可盲目呵斥、谩骂或漠视不管。一定要把自己当作孩子的"朋友"，哪怕将手头的工作暂时放一放，也要经常与孩子进行一些必要的沟通，对孩子的思想动态和行为举止，要倍加关注，随时掌握，及时了解并作好预先判断。

　　除了做好预防工作外，对于那些曾经离家出走、已经回来的孩子，父母要热情、亲切地对待他们，关心孩子的起居和学习生活，缺课的要及时和学校老师配合进行补课。待孩子的心平静下来以后，要和孩子进行一次促膝长谈，了解孩子离家出走的各个细节，指出孩子离家出走的错误所在，以及对自身、对家庭、对学校、对社会所带来的风险，帮助孩子提高认识，以免再犯。

第六章

孩子的多彩花季期
（16 ～ 18 岁）

　　16 ～ 18 岁是人生最美丽的岁月。但是，这一阶段也并不是天天晴空万里，日日花香四溢，这时的孩子也会有感伤，也会有失意。所以，对于处在这一时期的孩子，做父母的应该格外关注他们。

恼人的单相思

单相思也叫单恋，是指一方对另一方的以一厢情愿的倾慕与热爱为特点的爱情形式。单恋多是一场情感误会，是青少年"爱情错觉"的产物。"爱情错觉"是指因受对方言谈举止的迷惑，或自身的各种主观体验的影响而错误地主动涉入爱河，或因自以为某个异性对自己有意而产生的爱意绵绵的主观感受。

事例 1

刘磊读高二时喜欢上了一个女孩。她叫芳芳，和刘磊同校不同级。芳芳是那种看上去很单纯、很文静的女孩。刘磊看见她的第一眼，就被她迷上了。他写了一封信给芳芳，后来他们就认识了，周末刘磊经常去找芳芳聊天。芳芳既不热情，也不反感。有一次刘磊对芳芳说："我很喜欢你。"芳芳说："在读书期间我们还是好好读书吧。"这句话令刘磊很失望，但他却不能不同意。

事例 2

　　张进读高一了，在学校，他经常会不自然地想起初中的一位女同学丹丹。丹丹在另一所中学读书，可近段时间张进常想起她以前的一言一行，想起和她有关的一点一滴。张进感觉到这种情况已经严重影响了自己的学习，拼命压制不去想她，可是越强迫自己不想反而越想。他这样想她，她其实是不知道的，张进也不想让她知道，他更怕影响了她的学习和他们之间的友谊。

事因分析

　　在青春时代，少男和少女均可能会无缘无故地迷恋上一个异性，他们只敢在远方仰慕被恋者，但不敢接近求爱；每当和被恋者面对面的时候，便不禁心跳紧张，面红耳赤，张口结舌。这种青春时代的单恋几乎在每个人的身上都发生过，一次、两次甚至多次也说不定。造成单恋的原因有以下几种：

1. 对性的好奇和向往，使人容易产生单相思。受青春期性生理和性心理的影响，他们开始注目异性，并且希望和异性接触。于是，便悄悄地喜欢上了某人。此时，青少年的两性人生还没开始，他们还没有多少和异性交往方面的经验，所以非常好奇。

2. 对爱情的羞怯感。初涉爱河，内心难免有些羞涩和胆怯，加上对爱情的神秘感，这种羞怯心理也就愈加强烈。

3. 不自信，害怕被拒绝。尽管对现实的恋爱十分向往，但却不敢轻易地向对方表白，生怕对方说出"不"字。怕被对方拒绝后自己感到难堪，只好在心里默默思念对方。于是将深情藏在心里，却又急切、焦灼不安地期待着对方的爱情吐露。长时间的感情压抑和失望，会加重忧郁和苦闷。

4. 爱情的虚幻感。对爱情的美好憧憬与向往很容易使人因一些偶然的原因激发起对某人的强烈眷恋，从而陷入虚幻的爱情旋涡。

5. 由于青少年心理尚未完全成熟，所表现的单恋现象，较多地出现在性格内向、敏感、富于幻想、自卑感强者身上。这类青少年首先会爱上对方，也希望得到对方的爱，在这种心理的支配下，他们甚至会把对方的亲切和蔼、热情大方当作爱的表示。

单相思是一件很令人苦恼的事，如果长期陷入单相思不能自拔，必然会导致精神恍惚，注意力不集中，学习成绩下降。更有甚者，有的孩子因为得不到所企盼的爱情而走上绝路。

面对孩子的单相思，父母怎样才能帮助孩子从中摆脱出来呢？

1. 要帮助孩子正确对待自己的感情

进入青春期的少男少女，喜欢异性，愿意和异性接近是极为正常的心理，是青春发育的必然结果，不必内疚，更不用自己看不起自己，要正确面对自己，冷静审视自己。

2. 要让孩子充分认识单相思的盲目性、危害性和幼稚性

这种单相思除了折磨自己外，一般结不出果实。强扭的瓜不甜，凡事都要顺其自然，水到渠成，要让孩子抛弃自己情感中不现实的成分，不异想天开，不做白日梦。

3. 转移孩子的注意力

家长应帮助孩子把精力集中到学习生活上去，让紧张的学习生活冲淡这种感情折磨。也可以多让孩子和其他同学交往，多参加有益的活动，帮孩子培养广泛的兴趣和高尚的情操。当他们深陷其中不能自拔时，可以让他们找自己信任的长辈、朋友倾诉，这样也可以减轻心理压力。

小贴士

　　单恋的人常沉湎于自我想象的虚幻情境中，在心理上表现出对单恋对象的强烈关注、幻想和冲动。而这一切又都是在对方毫无察觉或者不认可和不接受的情况下产生的。一般来说，陷入单相思的少男少女，认识的范围相对缩小，目光受到局限，认识和评价都不知不觉地被炽烈的情感所束缚，如同陷入泥潭不能自拔，当他们接触更广阔的世界后，才会意识到"单恋"是多么幼稚的一场游戏，也就会很容易地结束这段单相思。

粉红色的日记

粉红色的日记是记载少女悲伤、喜悦、泪水和欢笑的地方，这些事情是不能与外人分享的，即使是父母也不例外。然而，有的父母却借口关心孩子，偷看她们的日记，侵犯她们的隐私，这使孩子异常愤慨和无奈。

事例 1

小红决定开始写日记了，她要记下生活中的酸甜苦辣，以及成长的轨迹。或许，等自己老了，这会成为自己人生中最宝贵的一笔财富。

小红是一个喜欢文学的女孩，从小到大，不擅长说话的她更喜欢用文字来表达自己的感情。因此，从她认字的那一刻起，她便爱上了文字。于是，她在日记中，记下了学习的烦恼，记下了收获的欢喜，记下了朋友的不忠，记下了初恋的美好……然而，有一天晚上，妈妈悄悄从她包中拿出了那本粉红色的日记本。第二天醒来，她看到了妈妈留的信。那封信令小红整整伤心了一天，妈妈用极其难堪的文字表示了对她日记的不满。因为，妈妈从日记中发现小红早恋。小红和妈妈大吵了一架后再也没写过日记，她不再相信别人，也不相信日记本能藏得住秘密。

事例 2

16 岁的小微是一名高一的学生，平时有记日记的习惯。由于不善于和父母沟通，她便把自己的想法和苦恼都以日记的方式记录下来。母亲出于对她的关心，便偷看了她的日记。日记中的"秘密"被母亲知道后，小微被狠狠地责怪了一番。小微发现自己的"隐私"被别人知道了，非常痛苦。

事因分析

　　日记是个人生活的记录，属于个人隐私，每个人都可以在这里释放自己的心理压力，记录自己的喜怒哀乐，由于它的私密性，各种思想感情都能以其最真实的面目出现。青少年写日记，除了自己的文学爱好外，另一个原因就是他们平时心里有话不愿意向别人说，只好把心里想说的话全部倾诉在日记里。这是属于他们的秘密，他们不愿意任何人（包括自己的父母）来涉足这一块"禁地"。当这块"禁地"被父母涉足后，他们就会有一种秘密被泄露，失去一切保护的恼怒感，他们便会气愤，会伤心，与父母之间的隔阂也会由此产生。

　　据调查，多数家长承认自己翻过孩子的日记或有这样的想法，他们认为，这是了解孩子是否有问题的最佳途径。但是，据一项调查显示，39.9%的初中生和51.1%的高中生对家长的这一行为表示出气愤和反感。

　　孩子到了一定的年龄时，总会有一些难以启齿的事或者想法，而日记是孩子宣泄情感的一种途径，也是自我调节情绪的方法。他们把这种"成长的烦恼"写入日记，是为了缓解自己的压力以及内心的郁闷。

　　作为父母者应懂得，偷看日记的行为是一种不道德的行为，这种行为一旦被孩子发现，孩子们便会认为家长对自己不尊重，这会使他们的自尊心受到严重伤害。这也会让孩子感觉到，自己是在父母的监视下生活，由此可能会造成孩子和家长之间的感情出现裂痕，进一步发展成信任危机。

　　为了孩子的身心健康，家长必须尊重和信任自己的孩子，保护他们的应有权益，允许他们拥有自己的私人空间，只有彼此尊重，互相关怀，孩子的内心才会主动向我们敞开，相应的一系列烦恼和矛盾才会烟消云散。

小贴士

　　家长偷看孩子日记这种行为的初衷是可以理解的，但这种做法是对孩子极其不尊重的。作为父母，要想了解孩子的状况，可以面对面地与孩子进行沟通，而不是采取偷窥的方法，打开他们的秘密。这样做只会增加你们之间的隔阂。要知道，日记是家长和孩子之间亲密度和信任度的大考验。在日记面前，孩子是在和家长过招，他们是在试探你是不是值得信赖。家长如果因一时冲动而"中招"，把关系搞僵了，就更会增加亲子之间的交流难度。

收到情书

　　情书，是用来表达内心的真挚情感，是向对方传达爱情信息的信件，在校园收到异性的情书，这是许多处于青少年时期的孩子都会遇到的正常现象。面对这种情况，作为父母一定要冷静对待，千万不可过度反应。

事例 1

　　小涛是一名 16 岁的男孩。有一次当他拿出课本做作业时，突然发现里面夹着一封信，他好奇地拆开信，只见上面写道："涛，也许你没有注意，我一直在默默地喜欢你……"当时小涛的脸涨得通红，心中不禁有些激动。可是，当他看到面前堆积如山的课本，再想到明年的高考、今后的前途……他犹豫了，怎么办呢？回绝她？这样会不会伤害她呢？不回绝？可是……唉！他真不知该如何面对这封感情炽热的情书。

事例 2

阿慧是高二的学生，她长得明眸皓齿，加上从小就学习芭蕾舞，所以凡是班上的活动，均让她主持，学校有演出也让她挑大梁。众多的班务工作没使阿慧的学习受到丝毫影响，她的学习成绩在学校也是数一数二的。

按说有这样一个乖女儿，阿慧的父母应该非常满意。但近段时间，阿慧的父母却十分生气，原因是他们在阿慧的书包里发现了两封男孩子写给阿慧的情书，他们认为"无风不起浪"，母亲要把这些情书交给阿慧的班主任，让班主任去处理给阿慧写信的男同学，阿慧则极力反对母亲这样做，认为这样会伤害别人的自尊心，双方争执不下。母亲一气之下打了阿慧，阿慧则倔强地将那两封信撕得粉碎。

事因分析

处于青春发育期的少男少女，在性生理发育逐渐成熟时，常常会凭着对异性产生的幼稚、冲动的情感，把对他们的好感当作爱情，向对方送出情书，传达自己的求爱信号。这种情况被称为性意识发展的结果，是完全正常的现象。一般青少年写情书的原因主要有以下3种：

1. 早熟、早恋的表现

青春期的性心理发育大致可以分为3个阶段：疏远异性阶段（初期）、接近异性阶段（中期）和爱慕异性阶段（末期）。一般来说，中学生早恋现象往往出现在爱慕异性这一阶段，最主要的表现就是偷偷地给异性写情书。

2. 纯粹是为了好玩、凑热闹

有的孩子模仿电视、小说里的情节，觉得新鲜好玩，并不是产生了真正的感情。

3. 恶作剧，故意捉弄别人

有些孩子和别人商量后，故意写情书捉弄别人，想让别人难堪。

德国诗人歌德说得好："哪个男子不钟情，哪个少女不怀春。"处在青春妙龄的少男少女，都会朦胧而羞涩地产生一种渴望与异性相处的微妙情感。这正是情窦初开的美好时期。就在这爱情的天使悄悄降临身旁的时候，有的姑娘（或小伙子）会突然收到感情炽热、不期而至的求爱信。这是正常现象，家长和老师都不应该大惊小怪。

作为孩子的父母，当你发现孩子收到这沉甸甸的、充满激情的求爱信时，将会怎样想和怎样做呢？通常处理这类事可供选择的方法有以下几种：

1. 当父母发现自己尚在读中学的孩子书包里有情书时，不必十分担心，因为高中生所谓谈恋爱大都是没有明确意识的，更没有经过深思熟虑，一些孩子只是模仿电影或电视中的情节，或者受其影响而为之。还有一些孩子是出于对异性的好感和友谊，这里边绝少有爱情的含义，应当充分相信孩子，他们只是正常往来，没有更深的目的，千万不要以己之心度孩子之心。

2. 虽然不可过度反应，但也不要视若无睹，任其发展，因为这种做法同样也会带来不良后果。父母应从了解孩子的心理出发，和善地开导孩子，平等地提出建议，而不应该生硬地告诉他要怎样做或不要怎样做，更不能以"无耻""不道德"等字眼来侮辱孩子的纯洁情感。

3. 了解孩子的真实思想。不妨告诉孩子，他们当前的主要任务是学习，只有学到了本领，才能真正地去谈感情，因为感情不是建立在空中楼阁上的，它是需要物质基础做后盾的。另外，他们的年龄还小，还不能承担家庭的重担，因此，可以有好感，但应该把这份好感转化为自己学习的动力。如果孩子不喜欢对方，家长则应教育孩子冷静地对待，千万不要鼓励孩子去伤害对方，更无须扩大影响，败坏他人的名誉。这样做不但会伤害别的孩子，也会给自己的家庭带来不好的影响。

小贴士

高中阶段正是孩子们对爱情充满想象的时期，此时，少男少女们情窦初开，尚不成熟的心开始对自己倾慕的异性跃跃欲试。但是，此时的他们并不知道如何去表达这种感觉，为了避免陷入尴尬境地，就选择了写情书的表达方式，他们并不知道对方是否同样也喜欢着自己，因此，这些情书多是暗恋的情书，苦涩的居多。

其实，这种事情是很正常的。一些家长在孩子的书包里发现情书之类的东西就像见到了洪水猛兽，这种心态可以理解但无法赞同。家长的正确做法是，教育孩子既珍惜初现的朦胧情感，又不沉溺于这种情感，处在青春期的孩子，本身有一种逆反心理，特别需要和别人沟通，需要别人的爱护。家长只要处理妥当，孩子完全能够从这段朦胧的情感中跳出来，重新把精力放在学习上。

能不能谈恋爱

"能不能谈恋爱？"这是一个被丘比特爱神之箭过早射中的高中学生朋友所提出的一个很实在的问题，它也是许多进入青春期后的少男少女们可能遇到的共同问题。

事例 1

清清是一位 16 岁的高中生，在学校有一位英俊的男生向她表达爱慕之情。清清对他也有好感，但却不敢轻易表态。她知道，同龄女同学中许多人已有自己心目中的白马王子，只有自己还是孤身一人，这次假如对他不理不睬，就有可能失去机会。可老师有关早恋的告诫又时常在她的耳边响起，使她的心中非常矛盾。她在自己的日记中写道：我们这样做，到底有什么坏处，为什么不准我们有这方面的自由？

事例2

　　高辉和吴岚上高一时就开始恋爱了。他们经常晚上外出，在咖啡厅或在一些娱乐场所玩，双方亲密无间。他们的父母知道这个事情后，都表示反对，可不管家长怎么劝告都没用。终于有一天高辉的父母忍无可忍，打了高辉，可是令众人没有想到的是，高辉竟然离家出走了，这使高辉的父母感到十分无奈。

事因分析

　　每个人心中都有自己喜欢的异性，人性的本能促使每个人都想去追求自己喜欢的异性，目的在于将两颗陌生的心牵在一起，这段追求的过程就是恋爱。

　　恋爱是创造和谐美满婚姻的前奏，能否通过它来实现理想的目标，心理因素十分重要。但是，现在却有许多高中生也在谈恋爱，面对如此问题，许多家长都是以强硬的语气、气愤的态度来表示自己的反对。家长在对待这类事情上，有的只让孩子们知其然，却没将有关道理讲深讲透，没让他们知其所以然；有的采取简单、粗暴的态度打骂孩子，使他们产生强烈的逆反心理。在学校、社会强大的打压环境下，这些情窦初开的孩子心中都有这样一个疑问：谈恋爱错了吗？

其实，高中生之间的恋爱，只不过是一种"爱慕"，这种"爱慕"并不同于严格意义上的爱情，只是对对方有一种好感，他们的恋爱一般有以下几个特点：

1. 单纯性

高中学生投入恋爱的情感因素多数较为纯真，这种单纯性与他们自身的经历、阅历、知识、生活经验和社会经验有着极大的关系。他们不懂得什么是真正的爱情，多数只是把男女之间的异性吸引以及青春期特有的对异性的性冲动来作为爱慕的因素，作为爱情对待。

2. 矛盾性

确定恋爱关系的青少年内心充满了矛盾。他们既想接触又怕被人发现，恋爱的过程中愉快和痛苦并存。

3. 模仿性

据有关调查发现，目前学生中较为普遍地存在恋爱现象，恋爱动机有相当一部分是出于对他人或影视剧的模仿。

4. 不成熟性

恋爱中的高中生由于对恋爱关系的发展结局并不明确，他们渴望与异性单独接触，但是对未来组建家庭，如何处理恋爱关系和学业关系，如何区别友谊和爱情都缺乏明确的认识。

那么，高中生谈恋爱到底对不对呢？下面我们从以下几个方面来分析一下：

1. 思想尚未定型

高中生的世界观尚未成熟，对世界、对社会、对人生的看法还比较幼稚、片面，世界观、人生观和价值观在今后的人生道路上还会发生很大变化。今天的想法可能很一致，明天就有可能产生分歧，后天就有可能导致分道扬镳。所以，在现实生活中，高中阶段谈恋爱者失败的占绝大多数，后来成为伴侣的就更少。

2. 心理尚未成熟

高中生的心理和生理尚处在发育阶段，在自我意志方面，存在一种"盲目的成熟感"，爱自以为是；在情感方面比较冲动，而且感情转移得也比较快；在意志发展方面，自制力较差。因而，高中生早恋的感情一般不会长久。

3. 经济尚未独立，带有游戏心态

高中生的经济来源还是靠父母，自己尚没有自立能力，而从恋爱到结婚、生育，这一切都要有一定的经济基础。况且，高中生的恋爱并没有考虑结婚，仅仅抱有游戏心态，因此成功概率非常小。如果把心思过多地放在恋爱上，不但会影响学习，有时还会对别人造成心理伤害，所以不适合谈恋爱。

4. 高中是人生的关键时期

高中是打基础的时期，高中生将来从事何种职业尚未确定，这一时期，人的精力最充沛，求知欲望最旺盛，观察、记忆、思维、想象等认识能力也最强。因此，高中时代应是积累知识、增长才干，为事业打基础的关键时期，尚不具备恋爱的条件，更不是谈恋爱的最佳时期。

从以上原因得知，高中生是不太适合恋爱的，因为这个时段的恋爱之花大多只能结出苦涩之果。但是，我们每一位父母都应该明白，青春期孩子的爱恋是一种正常现象，它虽然是无花果，却并非洪水猛兽，不值得我们大动干戈。我们应该做的是用最平静、温和的态度，用朋友的口吻向孩子讲明一切轻重利害，当然，这需要一些语言技巧，也不可能一蹴而就，但你只要明白了以上道理，就一定能以自己的智慧和人生阅历来说服孩子。

小贴士

　　从心理学的角度看，随着青春期的到来，少年男女会对异性逐渐产生思念与爱慕之情。这是一种正常的异性相吸现象，也是人生旅程中很重要的一次心理发展事件，其中不含一点儿不健康或下流的成分。当家长发现自己的孩子恋爱时，不可过多指责，更不能粗暴干涉，而是应站在家长或朋友的角度给予他们适当的指导、亲切的关怀。只有尊重他们，理解他们，才能使他们理智地、认真地对待这种青涩的"爱情"。

高考的挑战

　　高考，是检验学生学习成绩的试金石，也是决定孩子以后发展方向的竞技比赛。在这样一种关系人生命运前途的重要大考验面前，许多考生都会产生一种焦虑和紧张情绪，这是一种名为"高考焦虑症"的病症，其主要症状为情绪紧张、心慌意乱、坐卧不安、头痛、失眠、食欲不振等，这种病症会使考生过度紧张、思维混乱，发挥不出正常的水平。严重的考试焦虑症，不仅影响孩子的学业成绩和学习活动，而且还会影响孩子的身心健康。面对如此情况，家长要帮助孩子调节好自己的心情，帮助其在考试中发挥出正常水平。

　　事例 1

　　　　18 岁的小东学习成绩一直不错，可是在 2、3 月份的备考期间，小东突然莫名地感到紧张和焦虑，并经常感到心慌、胸闷，接着就开始连续失眠，不良的身体状况严重地影响了他的备考复习。结果，一模、二模都考过580分的小东，高考竟只考了480分，连本科线都没达到。

事例2

何进自从上高中之后，学习加倍努力。然而，第一学期期中考试后，他的成绩明显下降，总分从全年级的第10名下降到第45名。何进回家大哭了一场，从此情绪萎靡。以后每逢重大测验和考试的前两天，他总是吃不下饭，睡不着觉，考试后，则情绪低落，郁郁寡欢，有时几天不说一句话。3年的高中学习结束，何进竟然没有考上大学。

事因分析

孩子出于对考试后果的担忧，在这种情绪的阴影里引发了考试焦虑症。一旦焦虑产生，孩子又不能正确看待焦虑，就会给自身带来心理负担。其实焦虑对于孩子的学习和考试既有积极的一面，也有消极的一面。积极的一面是：适度的焦虑具有预警和发动作用，可以维持大脑的兴奋度，增强学习的积极性和自觉性，提高注意力和反应速度等。消极的一面是：过度的考试焦虑会带来思路不清晰，注意力不集中，自信心下降，情绪难以稳定，社会适应力减弱，人际关系紧张等。要是严重的考试焦虑，更会形成多种类型的神经症，同时对心血管系统、消化系统、内分泌系统等都有一定的损坏，降低身体免疫机能。

孩子产生的考试焦虑症是多种因素相互作用而形成的，其焦虑水平也受多方面因素的影响，既有孩子自身的内部因素，又有学习、生活环境的外部因素。

1. 来自家长的压力

据一组调查显示，90.2％的高考考生受到的压力主要来自家庭，而压力大小会直接影响学生的水平发挥，不同心态下的考试，成绩高低的差距令人咋舌。也就是说，家长的教育方式和期望水平会影响孩子考试焦虑程度。

家长对孩子考分的过分关注，不恰当的教育方式，成绩好时眉开眼笑、表扬有加；成绩差时冷眼看待、训斥、责骂，均会加重孩子的心理压力，使孩子产生紧张焦虑情绪，形成惶惶不可终日的状态。

　　还有一些家长害怕给孩子带来压力，多次向孩子保证，"无论考得好与不好，都不会怪罪你"。殊不知，正是家长这种战战兢兢的心态也给孩子造成了压力：小心翼翼、如履薄冰的言谈举止，殷殷热切的眼神和"武装到牙齿"般的细致关怀，也是很多孩子们最不愿意面对的压力——这时候家长的"不在乎"在孩子看来是"很在乎"。

　　2. 考生的自身承受能力差

　　认知评价是造成考试焦虑诸多内在因素中的首要因素。孩子自己认定甚至夸大考试的可怕程度，从而陷入恐惧、担忧以致不能自拔，就会产生考试焦虑。

　　3. 来自社会的压力

　　时下社会就业形势严峻。相当一部分的单位过分追求学历高的毕业生。而且，现在的考试仍是"一考定终身"，人为地加大了孩子对考试的期望值，这都是孩子考试焦虑产生的一个社会因素。

　　面对这样的压力和焦虑，孩子肯定是考不好了，下面就为广大父母们介绍一些帮助孩子缓解焦虑的几种方法：

1. 帮助孩子确立自信

考试前几天，最重要的不是关心孩子复习得是否全面，而是帮助孩子建立自信心。复习不可能做到百分之百的充分、全面，重点内容基本掌握就可以了。比如：教师反复强调的重要内容，自己最薄弱的多次做错的地方等。如果这些方面没有什么问题，家长完全可以教孩子暗示自己"已经准备充分，相信能够考好"，这样考试时才能进入最佳状态。

2. 帮助孩子放松自己

焦虑会引起紧张、担忧和激动，如果孩子能够放松自己，就会比较容易地消除焦虑。放松的方法可以集中注意自己的呼吸、心跳以及肌肉紧张、手心出汗等身体反应，不妨做做深呼吸，放松身体，这样有助于克服焦虑。家长可以给孩子创造一个安静的环境，让其舒服地躺着，闭目养神，全身放松，想象一些美好的景象，幸福的经历，例如，童年时期所经历过的一些开心、单纯、无忧无虑的生活，或者一些美丽的场景，如大海、草原、天空都可以。

3. 理性接受专业引导

如果高考前孩子的焦虑已经严重地干扰了正常的生活，就得理性地求助于正规的心理咨询机构。一般来说，解决考试焦虑症的主要方法有情绪宣泄法、情绪转移法、行为治疗法、认知疗法和催眠放松疗法等，另外，全身松弛与系统脱敏法以及各种形式的认知辅导方法，都是治疗焦虑较为有效的办法。教会孩子正确看待考试，考试只是一种检测手段，不是学习的目的，它不会决定一个人的生命内涵和价值，只不过是人生中的一次经历而已。不要把考试看作是至高无上的东西，把自己的命运交给某一次重要的考试，这种认识是偏颇的。

小贴士

在高考临近时，紧张和焦虑并非全为坏事，这是人面临重要的、紧迫的事情时出现的一种自然反应，这种反应有"预警"和"发动"作用。所以，不要一发现自己有焦虑情绪就认为会影响自己的复习和考试发挥，这样更容易加深紧张和焦虑感。

作为家长，首先自己要保持一种正确的心态，不可给孩子施加压力，更不能表现出比孩子更焦虑的神情。其次，要为孩子创造一个宽松的学习环境，帮助孩子树立自信心，排解心理障碍。另外，还要督促孩子加强体育锻炼，保证充足睡眠，以良好的身体素质迎接高考。

高中毕业前的迷茫

"快毕业的我，如何选择未来？"这是每个即将毕业的孩子都会遇到的问题。对快毕业的高中生来说，他们心中一般都很茫然，不知道自己的未来是什么样子的，自己又该如何努力。这都可以归结为毕业生对职业定向的迷惘。

事例 1

小强是一个即将毕业的高中生，但是他整天闷闷不乐，因为他对前途感到很迷茫。由于国家现在重视对职业人才的培养，他想找一所能够学到真正技术的技校，可是又不知道该往哪个方面去发展。

事例 2

　　小刚是一个学习很好的高中学生，尤其擅长理科。快毕业了，他想报考某校的化学系，但他的父母却非让他学计算机专业，说计算机专业有前途。这下小刚没有了主意，他的心一直徘徊在这两个专业之间。

事因分析

　　高中毕业生已经站在人生的十字路口，从某种意义上说，选择专业就是选择未来的人生道路。而现实生活中，不乏这样的事例：两个高考成绩不相上下的同学，因为读的专业不同，毕业后的人生际遇也有着天壤之别！选择一个好的专业，对高考考生来说，是一件至关重要的事情。考生读到了中意的专业，入学后必然信心十足，学习有劲。反之，上了一个不喜欢，甚至讨厌的专业，不要说虚掷了 4 年青春年华，甚至还会影响一生。于是就出现了许多孩子在快要高中毕业时，对未来感到很茫然的现象。那么这种现象是怎样产生的呢？

1. 家长对孩子的期望过高

由于父母"望子成龙，望女成凤"心切，都希望孩子考一所好的大学，却从不考虑孩子的实际情况。家长的这种心理，不仅不会起到积极的促进作用，相反还会阻碍孩子的未来发展。一些在"重压"下长大的孩子，虽然上了大学，但内心世界仍然被自卑感笼罩着，不能自拔。

2. 对职业定向和规划不明确

所谓的职业定向和规划是指根据职业发展趋势、社会需要和个人心理素质及特点来确定职业的方向与目标。我们可以把它看作是决定职业选择的过程，通过这些决定，个人就可以使自己的爱好和社会劳动分工系统的需要保持最好的平衡。

一般来说，个人进行职业定向和规划时，必须考虑两个方面的因素：一是从宏观上了解和把握未来职业发展的趋势和就业特点，这是青年进行职业定向和规划的前提和基础，也是职业定向和规划的外部宏观条件。二是从微观上分析和把握择业者个人的心理素质和特点，这是职业定向和规划的核心和关键。

下面，我们谈谈父母该如何帮助孩子来选择自己的职业定向：

1. 帮助孩子充分了解自己。了解自己，是指了解自己与专业选择相关的个人特点，主要包括能力、兴趣、个性、价值观等因素。这些因素直接会影响学生对于各个专业的适应程度。

　　首先，父母要帮助孩子根据自己的兴趣、特长和社会需求来选择专业。只有选择他自己感兴趣的专业，在未来的学习、工作中才能扬长避短，充分发挥他的聪明才智。而选择社会需求量大的专业，将来的就业就有保证。

　　试想，如果让一个并不喜欢与人打交道的孩子去当老师显然是不适合的。通常我们可以通过多种方法了解孩子的特点，例如通过孩子的自我反省，朋友、老师等的评价，尤其可以考虑采用心理学的方法来了解孩子的特点。

　　心理测验法是一种比较客观的方法，它通常依据严格的科学程序，通过科学的分析，能够从专业的角度解析孩子的特点。如果将各个方面的信息汇总，通过沟通、讨论就会对孩子有一个比较客观的认识。

　　2. 帮助孩子学会了解专业前景。通常从高二开始，父母就要开始留意各种各样与高校、专业有关的信息，甚至可以把收集到的各种资料做成剪报；高考前，各大高校的招生简章更是铺天盖地地进入中学，供学生和家长进行选择。

　　了解专业一定要有重点，也应该有科学的方法，具体应该把握：

（1）专业的学习内容、研究范畴与学习方法；

（2）毕业后能够从事什么样的工作；

（3）专业发展前景与就业前景；

（4）专业对学生有哪些特殊的要求等。

3. 确定发展目标。既然知道了孩子的特点，又掌握了相关专业的信息，最关键的一步就是让孩子将自己的特点和专业要求进行匹配，看看到底适合哪些专业，然后确定自己发展的学习（专业）目标。

4. 选择专业时，孩子还应该充分考虑到所填志愿实现的可能性。一些高校招生办负责人表示，考生在填报专业志愿时，不仅应该以招生院校在当地近 3 年的录取分数统计为参考，还必须客观地分析各个专业的档次和"冷""热"情况，结合自己的实力，正确填报专业志愿。

所以，正确选择专业的目的，最终也是为了个人的发展和生活的幸福，因为强扭的瓜不甜。就像一位演员出演"像自己"的角色更容易成功一样，"本色出演"是个人职业定位应该遵循的原则。定位不是为了改变孩子，而是为了孩子在职业和人生的舞台上更好地展现他自己。

小贴士

　　"快毕业的我，如何选择未来？"这是青少年典型的对自己的未来没有信心的表现。作为家长，当发现孩子对未来没有信心时，要帮助他们树立明确的目标。当孩子有了一定的职业取向，家长就应该根据孩子的生理、心理特点，扬长避短，有目的地培养，如孩子喜欢教师职业，但性格却比较内向胆小，不敢在众人面前说话，家长就可以让他参加一些家庭聚会，并让他出面联系、主持、接待等，还可以鼓励他去参加学校的演讲比赛。通过一系列活动，使孩子逐渐开朗、大胆起来，以适应将来工作的需要。

第七章

孩子的人生转折期

（18 ～ 22 岁）

　　18 ～ 22 岁既是人生的新起点，又是走向成熟的开端，也是人生中一个很重要的过渡阶段。

　　这一阶段，他们有的走入了社会，有的走进了高校。处在新环境中的他们，会出现工作、学习、心理和人际交往等方面的问题。如何处理这些问题，是摆在这一阶段孩子面前的首要问题，家长和社会应携起手来，共同解除孩子们的心理困惑，帮助他们走向美好的未来。

大学里的爱情抉择

　　生活在象牙塔中的高校学子们，可以说是命运的宠儿，但同样也要面对学习和生活的双重考验。在学习上，他们要在这短暂的 4 年学习中，奠定事业的基础，丝毫不敢有半点松懈；在生活上，中学时代曾对他们封闭的爱情大门，现在向他们敞开了，他们可以自由地畅游在爱情之海里。然而，生活并非时时都是鸟语花香，当 4 年的大学生活结束时，这些时代的骄子又必须经历择业与失恋的双重选择。由于种种原因，选择职业就必须失去恋人；而选择恋人又必须舍弃职业。这种两难抉择，考验着爱情的纯度，也磨炼着孩子们的心志。

事例 1

　　某大学医学院的毕业生小刘与女友娟娟已经恋爱了5年，如今却面临着是否分手的痛苦抉择。原来娟娟的父母一直嫌弃小刘的家庭条件不好，还在家中公开给娟娟介绍男朋友，甚至让女儿尽快订婚。其实小刘是一个非常上进的男孩，已经通过努力找到了一份不错的工作，但娟娟的父母却看不到这些。娟娟父母的不理解，小刘还可以接受，最让他痛苦不堪的是，娟娟的态度一直摇摆不定。"现实，破坏了我们在校园里那段完美无瑕的爱情。"小刘无奈地说，"这对我是一种打击，却也让我更加清醒地认识到，社会上没有所谓的纯洁爱情。"

事例 2

　　小李，是某大学大四的学生，他与他的女朋友是同班同学，一年前他们相恋，但不久前他的女朋友就与他中断了爱情关系，这对他来说是一个沉重的打击。多日来，他借酒消愁，情绪抑郁，心烦意乱，不思学业，他对新生活的所有期待与憧憬也顷刻之间化为乌有。据了解，这是小李的第一次恋爱，而且是对方主动追求自己，相恋后，感情一直很稳定，但毕业在即，女朋友因其毕业后不能留在本地工作，与其分手。

事因分析

失恋是众多大学生都经历过的事情，而造成这一现象的原因有以下几种：

1. 家庭的压力。在子女选择恋爱对象的过程中，父母的影响是较大的，由于恋爱双方缺乏勇气和信心，又惧怕父母的威严，觉得双方门不当户不对，或相貌差异太大，再加上父母的干涉，只好痛苦地选择分手。

2. 社会舆论与风俗的压力。由于不良的社会舆论与风俗偏见，有些人认为不同地方、不同方言的双方不宜在一起，怕这种结合会影响双方父母的沟通，因压力而分手。

3. 大学生入学前后环境的变化，对大学生恋爱有着特别的影响。入学前，男女虽有对异性的向往，但由于学业的压力和学校、家庭等因素的干涉，青春的骚动被压抑着，不敢释放。入学后，学校没有禁令，家长无法直接干涉，处在自由状态下的男女，在共同的学习生活中频繁交往，相互了解，为恋爱提供了客观环境。然而，大学生被称为"天之骄子"，是受宠的一代，虽然思想不再像小学、初中时那么幼稚，但终究没经过社会的洗礼，在情感上还不够成熟，这也是造成大学爱情绝大部分夭折的原因。

大学生调适失恋的方法具体如下：

1. 正确认知，冷静分析失恋原因。要摆脱痛苦，就要了解痛苦的根源。因此，作为家长必须引导自己的孩子认识到爱情虽然重要，但不是生活的全部，人生更重要的是理想和事业的追求，爱情在生活中的位置应重新得到认识。另外，父母可以帮助孩子分析一下失恋的原因，帮助孩子忘记那些令人痛苦的回忆，让孩子慢慢地从失恋的痛苦中走出来。

2. 学会采取转移的方法。转移包括两种：一是环境的转移，二是感情的转移。失恋是痛苦的，它在人们心境中的印记常常具有触发性，因此失恋后立即换个环境，暂时与会触动自己恋爱痛苦回忆的景、物、人隔离，并主动置身于新的、快乐的和开阔的人际交往与自然环境之中，或将自己的注意力集中在自己感兴趣的事物中，如专心学习，将失恋的痛苦转化为动力。失恋者会在学习中体会到人生的意义不仅仅是爱情，还有比爱情更重要的事业。另外，可以转移感情，抱着"天涯何处无芳草"的信念，以诚心去寻觅真正属于自己的爱。

3. 帮助孩子学会自我安慰。失恋者为了缓解内心痛苦，应当学会自我安慰。首先，采用"酸葡萄效应"和"甜柠檬效应"，让孩子想象一下对方的缺点，把他（她）的所有缺点都列出来，再想象自己的优点，把自己的优点全部列出来，再把这两项相互比较，就会发现自己是这么优秀，没了他（她），没准还可以找到一个更好的。此外，父母还要给予适当的鼓励，当孩子坚实的后盾，帮孩子疗伤。

4. 倾听孩子的心声。失恋后如果把自己的苦衷、烦恼、怨恨过分压抑，就容易使自己更加苦闷、孤独和惆怅，如果得不到合理宣泄，心中积存的消极情绪会对身心造成极大的伤害。因此，采取合理宣泄的方式将其释放出来，是一种自我保护的有效措施。这时，父母可以做孩子的倾诉对象。在倾诉的过程中，父母不用说过多的话，只要静静地倾听，并时不时地应答一句就行了。这样可以减轻孩子的挫折感，增强孩子克服挫折的信心。

小贴士

对于失恋，多数大学生还是能正确对待和妥善处理的，但也有一些失恋者不能及时排解这种强烈的情绪，导致心理失衡。失恋是大学生求学期间遇到的最严重的挫折之一，它会给大学生造成一系列消极心理，如羞辱、愤恨、悲伤、失落、孤独、虚无、绝望等。如果这些不良情绪得不到及时的排除或转移，就会使大学生罹患心理疾病，这将给学校和社会带来巨大危害。作为父母，这个时候要做的不是责备孩子，而是帮助他们走出困扰，开始接受新的生活。

自卑心理的产生

自卑心理一般是指由于某些生理、心理或社会诱因引起的一种轻视自己，认为自己在某些方面不如他人的心理状态。有关调查结果表明，自卑心理是部分大学生存在的一种心理亚健康状况，个别情况下亦可能导致严重后果，但这是大多数大学生都可能遇到的问题，父母不必着急，只要耐心、正确地处理，就能帮助他们度过危机。

事例 1

拉拉是一个来自新疆小地方的女孩子，也是她所在镇里唯一来北京大学读书的人。在她准备启程到北京上学前，当地的人都为她能到北大上学而感到自豪，她自己也庆幸能有这样好的机遇。但是，拉拉的兴奋劲儿还没过，就自我感觉越来越糟糕了。她在北大过得很辛苦，上课听不懂，说话带土音，许多大家都知道的事自己却一无所知，而许多她知道的事大家却又觉得好笑。有时候，看别人穿着漂亮的衣服和男朋友约会，她自卑得不得了。慢慢地，她开始后悔到北大来，人也变得郁郁寡欢，学习提不起一点儿劲头。

事例 2

小孙是某大学的一名二年级学生，学习成绩不错，第一学期还得了甲等奖学金。可是他总觉得自己不如人，在公共场所甚至都不敢大声说话，和别人交流也感觉困难。他认为他这个来自山区的孩子和城里的孩子无论在生活上，还是在其他方面都是没法比的，因此感觉活得很压抑，甚至每天都有想哭的冲动。

事因分析

重视和研究自卑心理对大学生的影响，是每一位父母都不容忽视的一个问题。下面我们就分析一下拉拉产生自卑心理的原因：

1. 活在过去，不敢面对未来，不能迎接生活中的挑战。因为自己来自小地方，说话土里土气，做事傻里傻气，就认定周围的人在鄙视她，嫌弃她。可她没有意识到，正是因为她的自卑，才使周围人无法接近她、帮助她，从而导致她对于能来北大上学这一辉煌成就感到麻木不仁，这种人眼中只看到困难与挫折，却没有信心去再造就新的辉煌。

2. 习惯了做羊群中的骆驼，不甘心做骆驼群中的小羊。拉拉离开新疆，远到北京来求学，面临的是一种乡镇文化与都市文化的冲突，她没有想到，北大对她来说，不仅是知识探索的殿堂，也是文化融合的熔炉。身材瘦小的她，长相平常，多年来唯一的精神安慰就是学习出色。可眼下，面临来自全国各地的"学林高手"，她已无优势可言。种种的不顺心拥挤在一起，使她丧失了承受能力，面对这些挑战，她不是想方设法加以适应，而是缩在一角，惊恐地望着他们，哀叹自己的无能与不幸。

3. 妄自菲薄。拉拉长相平庸，学习平庸，又不接近别人，同学们因为她的孤僻也慢慢地疏远了她，此时的拉拉陷入了自卑的沼泽中，认定自己是全北大最没出息的人，这说明她过于加重了自己精神痛苦的程度，看不到自己在新环境中生存的价值。这彻底打破了她多年的心理平衡点，使她陷入了空前的困惑中。她叹息自己来北大是个错误。可她忘了，多年来，正是这个北大之梦在支撑着她。她虽然战胜了许多竞争对手而进入北大求学，却在困难面前输给了自己的妄自菲薄。

4. 不懂得检讨。当自己心里充满不满时，会检讨自己的人，才能找到自己不满的真正原因，而拉拉却一味地怪罪别人，认为别人在故意取笑自己，难怪她会在北大产生自卑的感觉。

总而言之，拉拉的问题核心就在于：她往日的心理平衡点被彻底打破了，她需要在北大建立新的心理平衡点。

在现实生活中，你是否发现你的孩子也像拉拉一样为自己来自小地方而自卑呢？下面我们就再以拉拉为例教给你一套解决的方案：

1. 帮助孩子宣泄不良情绪，调整孩子的心态，使他能够积极地面对新生活。拉拉陷入自卑的沼泽中，认定自己是全北大最自卑的人，这说明她过于放大了自己的精神痛苦，看不到自己在新环境中生存的价值。所以作为父母，你一方面要承认她当前面临的困难是她人生中前所未有的，表现出来的情绪也是自然的，同时应该先告诉她，对北大的不适应，产生种种的焦虑与自卑，这在北大很普遍，并非只是她一个人，促使其产生"原来很多人也和我一样啊"的平常感，以拉近她和其他同学的距离。

2. 竭力引导孩子把视线从别人身上转向自己。拉拉的自卑是来自和同学们的相互比较，她感到自己处处不如别人，事事都不顺心，因而觉得自己好像是"天鹅"群中的"丑小鸭"。

以前，都是别的同学向她请教问题，现在，她却陷入了"不知道"的泥潭里——向别人请教问题。因此，拉拉当初那份引以为自豪的自信已荡然无存。以前，拉拉是所有老师心目中的得意门生，校园里的风云人物，众人羡慕、敬佩的对象，可如今她已成为校园里最不起眼的人物。

这一系列的心理反差，使拉拉产生了自己是北大多余之人的误解。她没有意识到，自己之所以会有这样的心理反差，是因为在与以往的同学的比较中，她获得的尽是自尊与自信；但现在与同学的比较中，她获得的尽是自卑与自怜。

这时，做父母的应竭力让拉拉懂得"自己才是自己最大的敌人"的道理。在一个新的环境里，每一个人都要学会多与自己比，而不与别人比。如果一定与别人比的话，请也看看别人在学习成绩、意志等方面不如自己的一面。

此外，家长还要和学校配合，帮助拉拉采取具体行动，彻底清除拉拉在学习中的具体困难，并制订相应的学习计划。同时，鼓励拉拉参加北大本科生组成的团体活动，让拉拉在帮助别的同学解决问题的同时，结交新的朋友。更重要的是，让她在帮助别人的过程中，重新找回自己的自信心。经过这些活动，慢慢地就会让她感觉到，她在北大里不是一个可有可无、毫不起眼的大学生了，因为北大是需要她的。

奥地利心理分析学家阿德勒认为，每个人都有先天的生理或心理缺陷，这就决定了人们的潜意识中都有自卑感存在，只是程度不同或者说表现形式不同而已。自卑心理是部分大学生中存在的一种常见的心理障碍之一，在现实生活中有以下几方面的表现：

1. 自我评价过低。自我评价是自我意识的一种形式，是主体对自己思想、愿望、行为和个性特点的判断和评价。部分大学生不能正确分析自己的能力，故而产生一种强烈的、与丧失信心相关联的沉重的情绪体验。他们在心理上的一个特征就是自我排斥，他们往往会产生否定自己、拒绝接纳自我的心理。

2. 行为回避。由于自卑而采取回避的方式与别人交往，避免别人看出自己的缺陷和不足。在学习和生活中不敢大胆地表现自己，做事思前想后，缩手缩脚，缺乏应有的胆量和气魄；在公共场合拘谨，不善于自我表现；在学习上，不积极进取，才华得不到充分发挥；不参加集体活动，以逃避别人的评价与批评，游离于班级、集体之外，独来独往。这类大学生往往降低自己的社会需求水平，过分怀疑自我，压抑自我的积极性，并可能引发严重的情感损伤和内心冲突。他们的心理体验常伴随较多的自卑感、盲目性、自信心丧失和情绪消沉、意志薄弱、孤僻、抑郁等现象，尤其在面对新的环境、挫折和重大生活事件时，常常会产生过激行为，酿成悲剧。

3. 性格怪异。由于家境的差异，许多贫困大学生总是表现出强烈的自卑感，但自尊心却没有减低，久而久之就更加自卑。为了抗拒自卑心理，掩盖自己的缺点或不足，他们往往不切实际地吹嘘或炫耀自己的优点和长处，给人一种明显的"矫饰"感觉。有些具有自卑心理的贫困大学生往往表现出轻视、贬低同学和老师的倾向，以及表里不一的自大傲慢态度，这也是自卑的特殊表现，是贬低别人抬高自己的另一种形式，目的是达到某种心理平衡。

　　那么，作为父母，如何正确引导孩子克服和摆脱自卑心理的困扰呢？

　　1. 正确认识自卑。古希腊曾把"认识自己"看作人类的最高智慧。"不识庐山真面目，只缘身在此山中"，说的也是认识自己不容易。不能正确认识自己，往往是产生自卑和自傲的根本原因，会影响自己的心理健康和顺利成长，而这也正是许多大学生产生自卑的主要因素。

　　著名的心理学家阿德勒认为，人人都有自卑感，只是程度不同而已，人类的所有行为很多都出于对自卑的克服和超越，在他看来，自卑并非坏事，而是人们积极改变现状的精神动力。人应客观地评价自己，相信和悦纳自己，日本著名心理学家关计夫也指出："全然没有自卑感，也不可能成为一个卓越的人。"可见，在大学生身上产生的自卑心理是一种正常的心理现象，作为父母要鼓励孩子正确地看待自己，正确地对待自卑。

　　2. 帮助孩子从思想上认识到自卑心理的危害，学会全面客观地评价自己。自卑心理一旦形成，就会产生一种心理防御机制，这表现在不敢大胆、主动地与人交往，慢慢地疏远别人，把自己孤立起来，从而更加自卑。作为家长要引导孩子找出自己身上的优、缺点，客观地分析和评价自己，在生活和学习上扬长避短，相信自己，不断挖掘、发挥自己的才能和潜力。

3. 采取有效方式，建立和谐关系。自卑心理具有敏感性、封闭性、虚荣性、掩饰性等特点，如果采取一些有效的发泄方式可降低和消除这些不良情绪。保持心态平和，建立良好的人际关系，是消除抑郁、焦虑、孤独等消极情绪的重要手段。在大学里，许多人都是奔着同一个梦想来到这里的，面对志同道合的人，只要大胆地放开自己，很容易达到心理上的沟通，这对于大学生克服心理障碍，增强人际交往能力是极为有利的。

4. 引导孩子明确奋斗目标，执着地去追求。有理想的人在生活中才不会感觉空虚，但这个理想要建立在现实之上。父母一方面要教育、开导自己的孩子正确认识自己，既看到自己的短处，也要认识到自己的长处，不能因为自己某些方面存在的不足而轻视自己甚至完全否定自己，放弃对理想的追求；另一方面要鼓励他们勇于实践，在实践中锻炼自己，增长才干。

小贴士

　　自卑是许多大学生都会遇到的问题，属于正常现象。当父母发现自己的孩子也是其中之一时，应采取措施帮助他们树立健康、向上的精神风貌，分析他们产生自卑心理的原因，教育他们客观地认识自己、审视自己，从心灵深处铲除这种危害身心健康的不良心态。

偏执型人格

偏执型人格是一种以猜疑和偏执为主要特点的性格障碍。有这种性格缺陷的人常会感到孤独、忧郁、烦闷、死板，有不安全感，且经常处于一种紧张状态之中。其在日常生活中的主要表现为极度敏感多疑，时常怀疑别人不怀好意，或责难别人有不良动机；广泛猜疑，爱将他人无意的、非恶意的甚至友好的行为误解为敌意或歧视；或无足够根据，怀疑别人伤害或利用自己，因此过分警惕与防卫，这类人将周围事物都解释为不符合实际情况的"阴谋"。作为家长，若遇到此类性格发生在自己孩子身上，一定要慎重对待，切不可放任自流，否则将会造成难以收拾的后果。

事例 1

小俐是大二学生，学习成绩优良。但近来她脾气变得很坏，在学校经常和老师顶撞，甚至跟平时看重她的老师在课堂上也争吵顶撞，平时不爱参加学校及班级的活动。同学们关心她，被认为是看不起她、小看她，或者联合起来整她。老师劝她不要这么自以为是、固执己见，她却认为老师是在故意整她。她本人在日记中这样写道："我对任何人，包括老师、同学、亲戚，甚至是父母都持怀疑态度。我常对别人存有戒备心理，总是觉得他们对我都不怀好意，要是看不习惯，就跟他们急。"

事例 2

大三学生刘才原是学生会主席，后因工作不力被撤换。刘才疑心是学生会的另一干部张文因嫉妒他的才干，在背后搞的鬼，认为自己受到了排挤和压制，对此事耿耿于怀、愤愤不平，此后常与张文和老师发生冲突。他还跑到校长那里，要求恢复他的职务，说不答应他的要求就要上告和报复。大家都耐心地劝他，可他总是不等人家把话说完就急于申辩，始终把大家对他的好言相劝理解为是恶意的、敌意的。

事因分析

偏执型人格障碍又叫妄想型人格障碍，其行为特点表现为：极度的感觉过敏，对侮辱和伤害耿耿于怀；思想行为固执死板，敏感多疑、心胸狭隘；爱嫉妒，对别人获得成就或荣誉感到紧张不安，妒火中烧，不是寻衅争吵就是在背后说风凉话，或公开抱怨和指责别人；自以为是，自命不凡，对自己的能力估计过高，惯于把失败和责任归咎于他人，在工作和学习上往往言过其实；同时又很自卑，总是过多过高地要求别人，但从来不信任别人的动机和愿望，认为别人存心不良；不能正确、客观地分析形势，有问题易从个人情感出发，主观片面性大。有这种人格障碍的人在家不能和睦，在外不能与朋友、同事相处融洽，别人只好对他敬而远之。偏执型人格障碍很容易发展为偏执性精神病，以下三个因素造成这种结果：

1. 家庭的娇惯造成。由于家长在家里无原则地迁就或宠爱自己的孩子，导致孩子在百依百顺的家庭环境中听惯了家长的肯定与客人们的夸奖，习惯以自我中心主义的眼光来看待周围的人、事、物，缺乏正确的自我评价和社会评价，即使发现自己有错，也不愿改正自己的缺点。但出了家庭，都是来自四面八方的人们，没有人时常迁就、宠着他，于是不可避免地会遇到很多不顺心的事或挫折，这些性格弱点很容易发展成为偏执型人格。

2. 不适当的教育方法造成。长期以来，在高考指挥棒的调遣下，学校和家长在教育孩子的过程中只给他们灌输了学习好才能有出息这样的信息，忽视了心理素质的培养，忽略了健康人格的塑造。同时，在教养方式上，由于相当一部分家长因为受教育程度较低，采用的教育方式简单、粗暴，这种消极的教养方式，容易使孩子形成敏感多疑、易怒、偏执敌对等不健康的品质。总之，大学生的心理健康与学校、父母的教育观念、家庭教养方式之间存在着不同程度的正向关系。

那么，如何矫治偏执心理呢？

1. 认知提高法。偏执型性格的主要症状就是敏感、多疑，不懂得接受别人的善意忠告，因此，矫治偏执心理首先要让罹患这种病症的人建立起对别人的信任，然后在相互信任的基础上与他人交流情感。对于自己的孩子，家长要向他们全面介绍其自身人格障碍的性质、特点、危害性及纠正方法，使他们能够正确、客观地认识自己，并逐步产生改变这种人格缺陷的观念。这是进一步进行心理治疗的先决条件。

2. 交友训练法。学校或家庭应鼓励偏执型性格的人主动交友，使其在交友中学会信任别人，消除不安全感。

3. 自我疗法。具有偏执型人格的人喜欢走极端，这与其头脑里的非理性观念有关。因此，要改变偏执行为，偏执型人格患者首先必须分析自己的非理性观念。在这个过程中，父母要指导孩子，助其学会自我疗法。

4. 敌对心理纠正训练法。偏执型人格障碍患者易对他人和周围环境充满敌意和不信任，采取以下训练方法，有助于克服敌对心理。

（1）作为父母要经常提醒孩子不要陷于"敌对心理"的旋涡中。父母要让孩子平时多进行自我提醒和警告，注意纠正处世待人的态度，这样会明显减轻敌对心理和强烈的情绪反应。

（2）懂得尊重别人。让孩子明白只有懂得尊重别人，别人才会尊重他，这是做人最基本的原则。

（3）学会微笑。微笑是人类的天使，家长应要求孩子学会向他认识的每一个人微笑，让人人都感觉得到他的善意，他的笑容能够很快引导其走出偏执的泥淖。

（4）在生活中学会忍让和克制。生活在复杂的大千世界中，冲突纠纷和摩擦是难免的，作为父母，一定要让孩子学会忍让和克制，忍让和克制能够化解一切怨恨，消除无数烦恼。

小贴士

现实生活中存在着许多固执的人，但固执不同于偏执。适当的固执，为人平添一份可爱的"原则美"，而偏执往往容易把人生打成死结，伤害自己也伤害他人。所以，家长要时常留心孩子的异常举动，不要把这些举动看作是正常的，更不要神经质地把孩子的正常举动当作是病态。当确定自己孩子真的患了人格偏执障碍时，千万不要给他讲大道理，那只会把他进一步推向深渊，也不要任由他自然发展，而是应该去求助有关专业人士，积极配合他们，在最短的时间内有效地进行治疗。

焦虑的心理原因

焦虑症全称为焦虑性神经症，它是一种具有持久性焦虑、恐惧、紧张情绪和植物神经活动障碍的脑机能失调，常伴有运动性不安和躯体不适感。大学生的焦虑心理主要产生于对前途的迷茫和学习动机的不纯。

美好的前途是学生将学习需要和愿望转为学习行为的心理动因，是发动和维持学习行动的内部力量。如果动机不足，没有明确和具体的学习目标，就会把学习看成苦差事，就会因死记硬背、疲于应付考试而对所学专业失去兴趣，最终因难求上进诱发焦虑的心理反应。

事例 1

高鑫是复读了两年才上的大学，进入大学后，新鲜感还没有过，他就有了烦恼。原来，他的英语本来就不怎么好，现在老师讲课大都用英文，他有很多句子都听不懂，为此每次上英语课他都紧张、着急。大一上学期结束，他的英语听力考查课只得了50分，是全专业唯一一个在考查课上挂科的人。第二学期开始后，高鑫强迫自己提高听力水平，每天从早上5点到晚上11点耳朵上都戴着耳机，连吃饭时都不摘。这样持续了一段时间，他的英语听力虽然有所提高，却影响了其他学科的成绩，而且耳朵也嗡嗡响，头也间断性疼痛。一天在寝室填表，寝室同学看到他填的年龄，问了他一句。他觉得从此以后寝室同学看他的眼神都不一样了，并且都开始疏远他。

事例2

上大三后，小蒋身边的同学都开始张罗考研或找工作，一直打算毕业后再找工作的小蒋见此情景，不免也担心起自己的就业前景来。他像其他同学一样，也试着投了几份简历，但没有一封有回音。这样过了几个星期，小蒋开始出现失眠、心跳加速的症状，到医院做常规检查，诊断结果是身体状况一切正常，医生建议他去精神科检查。来到精神科，医生得出的结论是：他患上了焦虑症。

事因分析

焦虑是一种很常见的情绪感受，而焦虑症在大学生群体中也颇为多见。常见的大学生焦虑症主要有3种，一种是社交方面，一种是考试方面，另外一种则是就业方面。

1. 大学生社交焦虑症。社交焦虑发展到极端就是社交焦虑症或社交恐惧症，不少大学生患有社交恐惧症。社交恐惧症表现为情绪上的紧张、不安、担心甚至害怕，还伴随植物神经功能紊乱的情况，如心跳加快、出汗、脸红、发抖、呼吸困难、尿频、尿急等生理表现，可能还会伴有回避行为。

2. 大学生考试焦虑症。考试焦虑症的学生一上考场，脑子就变得很乱，原来复习过的内容也想不起来了，急得浑身出汗，心慌意乱，虽然勉强交了试卷，但结果可想而知。以考试焦虑为中心的心理障碍，伴有睡眠障碍，主要是由于心理负担太重。事例 1 中的高鑫患的就是这种病症。

3. 大学生就业焦虑症。近年来就业形势不容乐观，大学生在就业过程中产生一些焦虑、抑郁的情绪是正常的，轻度的焦虑有一定的积极作用，可以激发潜能，使自己产生紧迫感，从而更努力地寻找就业机会。可是一旦焦虑过度，上升到焦虑症，家长就应该及时给予关注和心理干预，以免病情加重，导致过度失望带来的郁闷和焦虑，产生过激行为。

大学生焦虑症作为一种心理障碍，若是不予重视，会影响孩子的身心健康，因此，家长一定要及时了解孩子的心理状况，发现问题，及时解决，以免影响孩子的健康成长。那么如何防治孩子的焦虑症呢？

1. 大学生社交焦虑症的防治

（1）社交能力需要在与人交往的实践中才能够真正练出来。因此，有点过度社交焦虑的同学要采用"小步子原则"，也就是以逐渐扩大自己社交范围的方式解决自己的过度焦虑问题，比如：可以先从家族中的同龄人开始学习交往，也可以从宿舍关系开始，再扩大到班级、院系、学校乃至于社会。

（2）要去除完美主义倾向。很多年轻人有过度社交焦虑，不是因为人际交往存在能力问题，而是由于他的完美主义倾向使他习惯于把注意力集中在别人对自己的否定上，久而久之就容易产生社交焦虑，因此需要从调节完美主义倾向入手。

（3）要增强自己的自信，很多时候，年轻人社交焦虑的根子在于不自信，如果我们对自己有足够的自信，在与人交往时就会坦然、从容得多。

（4）要学习一些基本的社交常识，包括主动介绍自己、微笑、与人说话时要正视对方、倾听时神情要专注；要懂得欣赏并夸奖别人的长处，学习用真诚的称赞去满足他人的"社会赞许需要"；还有就是要学习灵活处理自己面临的人际关系问题。

2. 大学生考试焦虑症的防治

（1）理喻法：正确评价自己，既看到自己的优势，也要看到自己的不足；合理地设定自己的期望值，考试目标不要定得太高，要正视现实，理想与现实之间的距离不要太大。只要调整一下自己的目标，就能从困境中得到解脱。

（2）宣泄法：当自己处于一种莫名其妙而又难以言明的精神痛苦之中，整天心神不定、焦躁不安，看不进去书，饭吃不香，觉睡不好，对一切都不感兴趣，甚至坐卧不安、心跳加快、胸闷气短、容易出汗，这时可找朋友、同学谈心说笑，参加一些文体活动，使自己的焦虑、郁闷情绪通过不同场合得以宣泄而达到情绪的稳定。

（3）意控法：也就是借助意念，"遇事不慌""遇难不忧"，自觉调节情绪，心平气和地进入考场，稳健自如地应付考试。

（4）充足睡眠法：以足够的睡眠消除疲劳，换取充沛的精力和清醒的头脑。足够的睡眠是从容应考的前提。考前如果经常失眠，可适当使用一些调节睡眠的药物。

3. 大学生就业焦虑症的防治

"就业焦虑"已不是大学生中的个别现象了，这一心理问题具有普遍性，应当引起家长的高度关注。大学生"就业焦虑"的深层次原因主要是怕找不到好的工作，其问题根源与大学生不愿降低自己的择业标准有一定关系。解决的方法自然是尽快找到一份称心的工作，解决"心病"。可在"待业"状态中，大学生更要做的是，了解和正视"就业焦虑"这一现象，适当降低就业期望值，积极进行心理调适，保持快乐健康的心态。

小贴士

对于罹患焦虑症的孩子，家长应从心理上给予帮助，其方法包括劝慰，鼓励，帮助孩子科学分析身体症状，以减轻孩子的精神压力和心理负担，从而使轻症患者的焦虑得以解除。另外也可以寻求专业医生的帮助，辅以药物治疗。

沉迷于网络世界

网络成瘾症是一种过度使用互联网造成的心理疾病，未成年人患病比例远远高于成年人。大学生独立性差，自控能力弱，如果长期玩游戏，沉迷于网络世界，极易产生上瘾的症状，所以又称为网络成瘾综合症或"网瘾"。

心理医学专家对"网瘾"患者的描述是：对网络操作出现时空失控，而且随着乐趣的增强而欲罢不能。医学专家介绍，"网瘾"可造成人体植物神经紊乱，体内激素水平失衡，使免疫功能降低，引发紧张性头疼，情绪焦虑、忧郁、低落，头昏眼花，双手颤抖，疲乏无力，食欲不振等，甚至可导致死亡……这些是"网瘾"患者经常出现的症状。家长若发现孩子染上此类病症，必须高度重视，并及时给予诊治。

事例 1

　　小超，北京某大学学生，学习未见长进，但在网络游戏技术上却进步很快，所以在游戏中能找到满足感，一段时间之后，对网络和游戏有了更强烈的渴求和冲动感。迷上游戏后，小超与同学交流减少、性格变得内向、时有自卑感，并出现对数学知识、体育运动和其他事物兴趣下降等心理问题。经同学和班主任劝告，暂停了网络游戏，但出现身体不适、心烦意乱、易激动，上课注意力不集中、睡眠障碍等反应，后又再次沉迷网络和游戏，网络已经成为其逃避问题或缓解不良情绪的主要途径。

事例 2

　　某大学哲学系大四学生小信一直为找工作的事情而烦心，尤其到了晚上，总是觉得漫漫长夜难以忍受，活着特别没意思，这种时候他总是无所事事地在网上冲浪，遇到同学或朋友时，就有一阵没一阵地聊天，偶尔也到论坛上插科打诨，然后看看帖子和新闻，再盯着屏幕发发呆，不知不觉就到了凌晨三四点。

网络促进了信息化时代的迅猛发展，可是在这迅速发展的网络背后却存在着很多隐患，很多人因控制不了上网时间，引发了生活规律混乱及心理问题。为什么当代大学生那么容易成瘾呢？经调查统计分析，造成"网瘾"的主要原因有：

1. 缓解学习压力、摆脱孤独感

大学生在学校课程多，压力大，同学之间竞争激烈。为了缓解这些压力，摆脱生活中产生的孤独感，他们只好到网络中去寻找慰藉。网络本身的娱乐性容易使学生获得快感，这些内容以形象生动、刺激性强的形式出现，对自制力差的人有着极大的诱惑力。为了寻求心理平衡，他们避开现实社会中的一切，随心所欲地做自己的事，从网络中获取成就感，以此来弥补自己在现实社会中的不足与失败。

2. 网络游戏对大学生有强化激励作用

设计者将游戏结果通过屏幕显示出来，可以促使游戏者为了得高分而过分投入，这种游戏的强化激励作用往往使大学生难以从游戏中自拔，在游戏中追求"高分"的成就动机提供了源源不断的热情。游戏对大学生的吸引还表现在新异的刺激和求真的乐趣上，在经过苦苦思考、探索，化解了一次次险境，闯过一道道难关，进入一个又一个引人入胜的新境界，完成一次次攻略，或解决了一个个有挑战的难题，探索和思考带来的自我满足和自我肯定对大学生而言是一种成就感。

3. 网络游戏可以满足大学生的好胜心理

根据马斯洛的需求层次理论，每个人都希望别人能够尊重自己，尤其是大学生，认为自己是"天之骄子"，自尊心更加强烈，特别希望别人尊重自己，在群体中占有一定的位置，获得良好的社会评价，但他们的社会价值观却容易走向极端。当社会评价与自身的需要相一致时，有一些人往往会沾沾自喜，得意忘形，如果社会评价与其自身需要相矛盾时，他们就会妄自菲薄，情绪一落千丈，沉溺于网络世界之中。

4. 网络游戏能帮助学习困难者获得某种成功的体验

长期以来，由于学习压力过重，加上家长期望过高，许多大学生不堪重负。当他们遇到困难、失败时需要发泄，网络游戏正好给他们提供了一个宣泄压抑情绪的途径，还能帮助他们获得成功的体验。他们可能在网络游戏中不断闯关积累财富，这很大程度上能使他们获得心理上的平衡，尽管是虚拟的满足，但心情的愉快却是实在的，"压抑感"在这里荡然无存。

5. 网络游戏可帮助大学生逃避现实

一般来讲，网络成瘾的大学生，其家庭教养方式的共同点是家长对孩子行为的过度干涉，他们看不到孩子的优点，一味地强调孩子的缺点，在这种教养方式下成长的孩子，一般性格都比较孤僻，也很难适应大学的集体生活。这些孩子由于在现实中得不到满足，就转向虚拟的网络世界寻求自我满足。

知道了游戏成瘾的原因，家长对于治疗孩子的网络成瘾可采用以下方法：

1. 建立预防网络成瘾症措施，督促孩子学会利用网络进行学习研究，学会利用网络提升自己，充分利用网络资源提高学习效率、工作水平和综合素质。

2. 父母对孩子的心理发育状况要有足够的了解，学习成绩不理想并不代表人不中用，虽然现在的社会对学历要求比较高，但一个有头脑和心理健康的人才更易获得成功。在孩子的上网和游戏方面，家长要做的更多是帮助孩子培养健康的网络使用习惯，而非一味地禁止。

3. 加强心理疏导，为孩子创造人际沟通的良好条件。孩子之所以迷恋网络游戏，大体原因是压力太大，因此，如何帮助孩子处理学业压力和人际关系，如何面对挫折和困难，如何寻求心理平衡找回自信等都是非常重要的内容。为此，父母要多和孩子接触、交流，主动了解其学习、生活情况，为其营造一个宽松、和谐、自由的生活氛围。另外，要多鼓励他们参加集体活动，在集体活动中不仅可以增加与同伴的交往和接触，提高人际交往能力，还能锻炼意志力、自我控制能力等，从而使心理得到健康发展。

小贴士

对没有成瘾的孩子，家长应采取预防措施，重在防范教育，以免其成为网络游戏成瘾者；对于已经成瘾的孩子，家长应该及时对其进行正确治疗。治疗过程中应注意培养孩子的自信心、兴趣爱好；应与学校取得联系，共同努力；也可以在心理医生的指导下进行治疗，切忌盲目治疗，那样只会耽误孩子的前途。总之，对网络游戏成瘾孩子的诊治是一个全方位的过程，需要本人、社会、家庭、学校的共同努力，各种方法综合运用才能取得良好的效果。

继续读书，还是工作

　　4年的大学读完后，是继续上学，还是立即就业，这是决定大学生人生道路的重要关口之一，也是令大学生最费神的两难抉择。家长此时的正确做法是，尊重孩子的选择，适当地给予指导，不要过多地干涉。

事例 1

　　小红的父母一直希望小红能出国留学，小红自己也不反对。可到了大四，看着同学们都忙着参加宣讲会，填写个人资料，制作简历，赶赴公司笔试、面试，小红也动心了。这一天，小红收到了一家公司的面试通知。面试当天，小红的心态比较放松，回答问题时也较冷静和自信，当时她把要出国的事抛在了九霄云外。小红应聘的这家公司各方面条件都不错，它是小红大学时代一直关注的企业之一，凭借她对该行业的分析与对该公司的了解，小红最后幸运且意外地拿到了录用信。可拿到录用信，小红却开始犯愁了，究竟是留下工作，还是听父母的话，去国外留学？小红犹豫了……

事例2

张博是2006级的学生，学的是土地资源管理，但当他毕业后，却发现这个专业的就业形势不太好，只好放弃就业，准备考研。后来他又听说，这个专业研究生的就业形势也不容乐观，所以又有了跨专业考研的想法，因为他平时比较关注政治方面和企业宏观管理方面的东西，所以想去考行政管理或企业管理，可究竟该如何选择，是继续努力学习原来的专业，还是跨专业考研，他始终拿不定主意。

事因分析

　　造成历届大学毕业生不知该上学还是该就业的原因总结起来有两点：

　　1. 自从改革开放以来，中国出现了翻天覆地的变化。经济由过去的计划经济过渡到现在的市场经济，这给各行各业的就业人员带来了激烈的竞争。竞争归根到底是人才的竞争，所以21世纪对各行各业的人才要求更为严格。要适应社会就必须改变自己，改变自己就离不开学习。社会给每个人提供了广阔的舞台，自己要想扮演什么角色就必须通过自己的努力。所谓能者上庸者下，这是社会的用人原则，但也为大学生出了难题：是找一份实实在在的工作先赚钱，还是考研，为志向和兴趣开拓一条更宽广的就业之路？考研，怕失去很好的就业机会，等读研归来之时，恐怕也没有这时的机会好。就业，又怕自己学历差一步而影响了将来的升职机会。另外，由于每年毕业的大学生人数太多，许多人怕放弃了考研又找不到好的工作，这不是让人很郁闷吗？不满意现状，想改变又面临变数和不可预知的风险，这是许多大学生处于人生十字路口，不知道该向左走还是向右走，犹豫不定的原因。

2.“投资”与“回报”不成正比。一个家庭培养一名大学生要投入一笔不菲的教育支出，面对这种巨额教育支出，不少家庭感到压力很大，对于大学生来说更是一种压力。毕竟对一个人来说，花费是多方面的，如衣食住行、婚丧嫁娶、住房、医疗、养老等，何况还要面临收入不稳定等隐性压力。面对这样的实际情况，许多大学生在就业和继续上学之间摇摆不定。

那么，是选择就业，还是继续上学呢？

家长遇到这种情况时，应该具体问题具体对待，比如“事例1”中的小红留学问题，出国读研，如能拿到全额的奖学金，当然就没有什么问题，若学费需要自己的家庭来负担，家庭能不能给孩子这种资金支撑？另外，如果孩子特别想到国外读研，去接受其他国家的文化熏陶，提高一下自己的外语能力，而家庭又能负担得起，完全可以考虑去读研。但反过来想一下，如果国内有合适的工作，而且也能使孩子有更大的发展，那么先就业也未尝不是一件好事，因为读研之后的目标还是就业，倘若能先就业再进修，也是一种不错的选择。

这些年来，我国研究生招生规模不断扩大，数量也不断增加，但是依然不能跟上考研人数的增长速度。我国现有的研究生教育毕竟是高级别的精英教育，不可能成为一种大众化的义务教育，这就意味着必定会有一部分一门心思考研的大学生最终无法考上，同时还错过了就业的机会。

其次，即使有一部分人通过自己的努力考上了研究生，两三年以后他们所学专业的就业形势未必会和现在一样，这种变化谁也不可能很准确地预料到。

再次，读完研究生出来后，学历起点高了，但社会经验和实践经验与已经就业的同届毕业生比起来，会显得有些单薄，这从某种意义上来说还是不利于就业的。

因此，考研不一定能规避就业风险，这是在报考之初就应该想清楚的。

考研是否有利于就业，至今也没有一个明确的定论。不过有一点需要注意的是，不管你是选择就业还是选择考研，都必须摆正自己的心态，看清自己的位置，只有这样才能得到有利于自身发展的结果。

小贴士

面对如此问题，父母要理解孩子，不要一味地埋怨他们，"高不成低不就""上完了学还让我养你""你就不能有出息吗""你就不会出去找一份工作""上上上，还上，上到老你也找不到一份好工作"……此类的话只会更伤孩子的心，他们面对如此状况已经是晕头转向，不知如何应对，本想向父母讨个建议，好给自己指条明路，然而面对父母那些尖酸刻薄的话，会使他们更加无地自容，甚至会走上绝路。

考研的苦与乐

　　考研是令许多大学生头痛的问题，经过了 4 年的大学生活后，多数考研同学的顾虑就是未来 3 年苦读是否有价值。在这个商业社会中，经济收入已经成为衡量人才价值的首要标准。而考研就意味着 3 年放弃工作，没有收入。多数在高校泡了 4 年的啃老族都希望立即找到工作独立，有女朋友的男生更是囊中羞涩，充满了自卑感，考研似乎是一条"绝望"的迷途。但放眼社会，你会发现有志之士都在通过学习获得成长。

事例 1

　　阿水本科毕业后，换了几份工作都不满意，于是决定考北大的研究生。在整个备考过程中，他每天坚持学习 15 个小时以上，困了就掐自己的手臂……

英语是阿水最薄弱的环节，为了练好英语基本功，他每周二都去英语角练口语；在床头贴上没记住的英语句子，使自己每天早上醒来第一眼就能看到；坚持用英语记日记，一天一篇，从未间断；坐在公交车上、走在路上，甚至在上厕所时他都在大声地念英语，引来了很多人的侧目。不管别人用什么异样的目光看他，他终究没有动摇自己的意志和理想，一直把复习坚持到考研来到的时刻。事实证明，坚持是阿水最后取得成功的主要因素之一。当一份北京大学硕士研究生录取通知书送到阿水的家里时，阿水激动不已，家人和他一起流下了欣慰的眼泪。是啊，对一个农村来的学子来说，能够走到这一步是多么不易啊！

事例 2

小文自从决定考研后，白天一般都在学校上自习。枯燥的复习生活伴随他熬过了三九严寒，也走过三伏酷暑，可当还有一个月就要上战场时，小文突然得了抑郁症，他失眠、头痛，甚至想找一个没人的地方大哭一场。他停止饮用咖啡，但无济于事。离考研还有不到半个月的时间时，小文突然有了一种什么都不会了的感觉。专业课看了一遍又一遍，可仍然很快遗忘，再也没了进展，当时，他甚至都不想考了！

考试的那天上午，第一场考政治，小文开始很紧张，但是当进入答题状态以后，他的感觉却非常好；下午考英语，这是他很自信的一科，果然很快就完成了。当众多人围在一起讨论英语考试的难易度时，小文走回了住处，准备第二天的专业课考试……随着考试结束的铃声响起，伴随着铃声，小文听到了考场上夹杂着各种感情的尖叫声。走出考场，一些研友抱头痛哭，小文却感到一身轻松。

事因分析

随着落榜的考生越来越多，"屡战屡败，屡败屡战"的考生也越来越多。很多应届毕业生考研失败以后并没去找工作，而是在校外租一间房子，成为"考研专业户"。有一些工作一段时间的人也会辞去工作而回到学校附近租一间房子，早出晚归地在学校里自习、听课。在北京，这种人司空见惯，尤其是在各大高校附近住着许多这样准备考研的人。为了听某位老师的课，这些人可能一大早就会去教室占座位，其积极性和娴熟程度令在校的学生都望尘莫及。听课之余，他们便在教学楼或者图书馆自习，深夜回到"家"里还要继续熬夜苦读。他们当中很多人考了一年又一年，精神上的压力可想而知，加上没有经济来源，生活条件非常艰苦，所以不少人极为憔悴，20多岁的人就"早生华发"了。而造成这种局面的原因有以下几种：

1. 研究生招生规模的增长速度远低于考研报名人数的增长速度，所以从绝对数字来看，每年考研落榜的考生只会增加，不会减少。

2. 选择考研纯粹是迫于就业的压力，觉得目前本科毕业找不到理想的工作，过两三年拿到硕士学位以后就胜券在握了。

3. 考研是为了证明自己的能力。这种学生普遍比较自信，且考上的希望也比较大。

家长对于一心考研的孩子，应该分析利弊，对于有能力考好且有就业前途的孩子一定要全力支持，并指导他们做好以下几点：

1. 拥有坚定的决心。让孩子随时随地问自己：我到底想要什么？是想要，还是一定要？如果是想要，我可能什么都得不到；如果是一定要，我就一定能够有方法得到。考研成功就在于孩子做决定的那一刻。

知道自己需要什么，是坚定信念的最重要的一步。强烈的驱动力会使一个人去克服许多的困难。所以，复习一开始就要确定自己要考哪所大学，分析考上的难度，给自己定个位，告诉自己要实现这个目标需要付出多少汗水。

2.强烈的愿望。要考研成功，你必须先有强烈的成功愿望。

人在追求强烈愿望的目标时，较容易获得和保持坚韧的精神。想想自己考上研究生后会实现自己哪些愿望，或许是为了换个更好的工作挣更多的钱，或许是为了实现夙愿，或许是为了扬眉吐气，或许……这些都是个人的愿望。

同样，在复习考研过程中，当你想放弃想松懈时，想想如果因此而失败，就永远和自己向往的生活无缘了，你就会重新拿起书本——这也是为什么往往在职的考生会比应届生更有动力。

3.高昂的自信心。世界上最伟大的力量便是自信。请相信，有志者事竟成；请相信，自己有能力实现计划；请相信，自己可以以坚韧的精神来完成每天的计划。

没有自信心，在复习过程中遇到困难就易产生退缩的念头。

如果你缺乏自信心，建议你制订个合理的短期计划，并强迫自己完成。每次完成既定任务后，就会产生兴奋和短暂的成就感，由此可帮助你去完成下一个短期计划。如此循环往复，效果一定不错。

4. 热情的团队精神。在考研复习中，要积极和别人合作，尤其是和与自己考同一个专业甚至同一个导师的研友合作。不要产生"树敌"的想法，特别是对那些和自己考同一个专业、同一个导师的人，殊不知，就算他没有考上，也未必能保证你考得上。天下之大，比你强十倍、百倍的大有人在，你要做的是和他联手，一块儿复习研讨，争取一块儿考上。

要特别交代的是，和一个研友（尤其是和自己考同一个专业的人）一起复习，还能够促使双方不断发奋，坚持不懈。你们之间可以互相帮助鼓励，取对方之所长补己之所短，而且，相互之间营造的学习气氛也是产生动力的源泉。

5. 自律与自乐。别人在看电视、看电影的时候，你是否在背着英语单词？别人在睡懒觉的时候，你是否能逼着自己马上起床？这一切，就是你必须"强迫"自己付出的代价。自律，何尝不是另一种快乐。

6. 科学的学习方法。学习计划分两种，一种是长期计划，一种是短期计划。对于考研复习，长期计划的时间跨度为整个复习阶段，以月为单位分配复习任务。短期计划的时间跨度最好为一个月，再以旬或星期为单位分配任务。

这样，对于整个复习就有一个充分的认识准备，以防止当看到别人复习比自己快时心慌，有助于自己在复习阶段心态平和。

7. 较高的学习效率。复习考研阶段，建议大家准备几种不同颜色的记号笔，不同的颜色代表不同的意义。在复习数学时，就用黑色代表做错的解答过程；用红色代表易错和重要的内容和步骤；用蓝色书写解题的思路等。这样，在以后翻阅时，就有针对性，帮助提高复习效果。

另外，学习时房子内的摆设也是制约学习效率的因素，比如：学习时背对着门，会引起心理上的警觉（这种警觉是自己很难感知的），从而降低学习效率；而面对着窗户，容易被窗外的事物所吸引，也会降低效率。最有益于提高学习效率的是，室内摆设简洁，房内色调呈暖色调，学习时面对着门。

8. 劳逸结合。一个人光复习不娱乐，只会渐渐消磨自己的体力和脑力，每天一定量的锻炼和放松是必不可少的。此外，对那些"非学习类型"的考研人来说，适当的休息和放松更是大有裨益的。娱乐时的轻松愉快可以消除心理上的紧张和压力，对于保持复习中的坚韧精神也是有帮助的。切不可为了复习而放弃全部的娱乐活动，沦为一个考研的"苦行僧"。

9. 不怕吃苦。人生有两杯水要喝，一杯是苦水，一杯是甜水。只不过不同的人喝甜水和喝苦水的顺序不同。成功者常常先喝苦水，再喝甜水。不愿吃苦、不能吃苦、不敢吃苦的人，往往吃苦一辈子。

在考研中，要求自己要看到日出，这不仅仅是一个作息习惯，更是在不停地给自己传达一种生活的理念——要用一种积极健康的心态对待考研，不需要把考研定义为昼夜颠倒的狂学特学，不需要把自己弄得很可怜，但一定要看到太阳冉冉升起。正常的学习时间不仅会减少考研中艰苦难耐的感觉，还可以增加有效学习的时间。

10. 坚持到底。很多人总在叹息为什么成功从来不垂青于他们，其实，他们并不明白成功的含义。成功，不是失败的反方向，而是失败的终点，只有能够坚持着走过失败的人，才能终有一天抵达真正的成功，哪怕还有一步之遥，也不能叫作成功。

那么，坚定你的目标，放弃那些与目标无关的东西，然后，按丘吉尔的话去做：坚持到底，永不放弃，直到成功。

小贴士

　　考研是一个漫长的过程，当你义无反顾地为之奋斗、为之拼搏时，其实结果已经不再重要。也许那时那刻，你的遗憾不是"没做好"，而是"没有做"。既然做了，就不要后悔，也不要抱怨。作为父母，在这个时期一定要仔细分析自己的孩子是属于哪种考研类型，从而引导他们走向正确的道路。